新装版

真言宗法儀解説

大山公淳

東方出版

凡例

一、本書は初心者の為に編纂した。

一、第一章に事相と教相を概説し、已下第二章に道場並にその荘厳を記し、第三章已下に主要なる諸法会を解説し、最後に諸役人作法を出して参考とした。

一、諸法会には多種あれど、今は本山と各地と共通して広く行わるると思わるるものに就いて解説した。京都・高野山若しくは諸流に異義あるものは、現在高野山にて行わるる所をもつて標準とし、時に明師に就いて聴くべき旨を記入して置いた。

一、出す所の用語中、本山とは高野山を指す。

一、記事は多く現行の事実を本とし、昭和九年御遠忌法会法則、並に手鏡、諸法会儀則、明和版常楽会法則を依用し、其他眞言宗全書事相部諸書、弘法大師全集、大正大蔵経密部諸書、密教辞典　仏教辞典、松永大僧正の示さるる中院流院家相承傳授録、栂尾僧正の秘密事相の研究、水原僧正の金剛峯寺年中行事、岩原僧正の法会儀式の解説、宗部教科書三等随時参考した。記して謝意を表す。

一、本書は和田・栂尾・小田諸僧正の指導と、鷲峰・児玉両僧正の教示、其他学内諸教授の援助に待つ所多く、又図書館坂田・一瀬両師、並に出版部諸師の手を煩わす所多く記して深謝す。

改訂の辞

前の版における若干の不備を補い、第七章以下各法会の我国濫觴を記し、新に彼岸会・布薩会・高野山学道について書き加え、此処に改訂増補版として出すことにした。一言記してその辞となす。

昭和二十四年五月

於高野山平等院精舎

編者記

目次

第一章　序説

真言宗に事相と教相との二大部門がある。教相は一宗の教理を研究し、即身成仏の深旨を明にするものにして、事相は五相①三密②の行軌を実修し教相の深旨を実証す。この事教二相は車の両輪鳥の双翼と云われ、その一を忘失するも真の宗意を成就しない。教相は花の如く事相は実の如く、事教相まって高祖大師立教開宗の御意趣と密教修行の本意とを成じなくてはならぬ。

事相に自行と化他とあり、自行は上求菩提の自利行であって、一人修法三昧に入り専ら自心の菩提を求めて修練観行するに名づける。化他を利他ともいう。下化衆生の行にして、自行に於いて得た所を広く有縁の人に分ち、秘密真言教に帰依結縁せしめ入信法悦せしめる。かくて真言行者の二利円満を期することになる。朝夕の勤行、日々の行法、四度加行の如きは専ら自利であって、理趣三昧法会・庭儀大曼荼羅供・結縁灌頂・土砂加持法会等は皆利他行としなくてはならない。利他行には外儀が肝要である。外儀満足しなければ化他は成就しない。学徳兼備の阿闍梨、持律堅固の善知識の言行により、帰依入信する人も少なくないけれど、荘厳整然たる道場にて荘重に修行せられる外儀法会により、信仰の道に引入せられる人も多い。依って外儀は古来特に尊重せられる。外儀を満足する為には自行がなくてはならぬ。自行は敬虔な信仰から流露する。これがなくては外儀は整然としない。大師の示し給う如く、開口③発声真言滅罪、挙手動足印契増福、心之所起妙観自生という如き境界は、自行の至極であって復化他行としなくてはならぬ。かくて真言行者は事教二相を併せ修学し、二利円満を念々に期し、日々に実践することが肝要である。

要するに事相は本尊を祭祀することと礼拝することを研究するにある。祭祀のためには読経・声明・念誦修法・観法・外儀諸作法等、様々の部門を研究しなくてはならぬが、今はその中特に道場荘厳の仕方と外儀法会の一端とを述べて修学に便したいと思う。自行門の修法観法と声明等に関しては、別に伝授門に於いて習得する必要がある。

註

① 五相とは五相成身にして、通達菩提心、修菩提心、成金剛心、証金剛身、仏身円満をいう。
② 三密とは身口意三業に名づける。
③ 大日経開題の文、弘全四・二七

第二章　道場荘厳

一　道　場

菩提を道といい、その道を成就する処なる故場という。行者修行して仏智を成就する場所であって、復本尊の境界である。これによってその荘厳は至極如法でなければならぬ。行法次第に用うる道場観には広中略種々の観想が見られる。広観には器界観・楼閣観・本尊曼荼羅観を具備す。その器界観にも三輪観・五輪観・金亀・九山・八海観等の観法を出す。五輪とは空風火水地の五大五輪観であって、三輪とは風水金（地輪）の三を撰ぶ。金亀は地輪の上妙高山の下にあり、亀の水陸に遊ぶ如く仏性の生死海と涅槃の彼岸に遊ぶに喩う。九山とは妙高山（須弥山　Sumeru　という）を中心として七金山あり、妙高山は四宝所成なれど、七金山は純金所成と伝えらる。その外側に鉄囲山あり。純鉄所成ということになっている。併せて九山となす。七金山とは、①

一、持双山　峰に二滝あり

二、持軸山　峰多く形車軸の如し

三、檐木山　山上に宝樹ありその形檐木に似ているとのことである。

四、善見山　端厳秀麗である。

五、馬耳山　山の形馬の耳に似る。

六、毘那怛迦（Vinataka）山　山の形毘那夜迦（Vināyaka）神の頭に似ている。或は象頭山とも呼ばれる。

七、魚山　山の形魚に似ているのでかく名づけられる。

七金山の内に水海あり、其の水は甘にして八功徳を具す[②]。七金山の外に八海あり、鹹水盈満す。七山の外郭に四大洲[③]あり、彼の妙高山の頂に大羯磨輪、その上に八葉の大蓮華あり。蓮華の上に大宝楼閣の宮殿を構え、如来は此の中に無数の眷属と共に住し給う。道場観ではその楼閣の中に更に蓮華・月輪あり。中に如来の種三尊等を観想す。

中観は壇上の宮殿楼閣・蓮月・種三尊を観想し、略観は壇上の蓮月・種三尊のみを観想して本尊身となす。要するにこれらは雄大な仏教の世界観を本として密教の世界を構成し、本尊の会場となすと共に行者修行の道場、浄菩提心修練の庭となすのである。

行者修行の道場に本堂あり、本尊の御堂があって一山一寺の根本道場である。此の本堂は各宗各々宗旨の教学に順じて特殊の規模があることであろう。今本章に説く所は、我真言宗に於いて本堂は如何に荘厳するかのことである。

寺院の庫裡もしくは客殿の中に持仏堂がある。念持仏を安置した道場という意味である。その荘厳は本堂に準ずる。

註

① 東方純金、南方吠瑠璃、西方瑪瑙、北方白銀

② 甘・冷・軟・軽・清浄・不臭・飲時不損喉・飲已不傷腹

③　南贍部州、東勝身州、西牛貨州、北瞿盧州。

二　本尊と曼荼羅

堂塔乃至仏壇に安置してある仏菩薩は、世間出世間に於いて最尊最勝であるから本尊という。然るに此の本尊に種三尊の三あり。種子・三摩耶（Samaya）形・尊形である。種子とは文字であって、三摩耶形とは各々の仏菩薩の本誓を標幟した刀剣輪宝金剛杵乃至は諸の印契に名づけ、尊形とは一一の仏菩薩の尊体をいう。或は種三尊各々の曼荼羅がある。

曼荼羅（Maṇḍala）という語には種々の意味あれど、今は万徳円満せる仏果の境地、諸尊集会の場所と解する。これに復種々あれど、その中金剛界と胎蔵界とを両部曼荼羅或は両界曼荼羅と称す。胎蔵曼荼羅は大日経に依るもので十三大院[1]あり、金剛曼荼羅は金剛頂経に依るもので九会[2]となっている。即身成仏義には四種の曼荼羅を説いてある。大曼荼羅・三昧耶曼荼羅・法曼荼羅・羯磨曼荼羅であって、その第一は尊形曼荼羅、第二は三昧耶曼荼羅、第三は種子曼荼羅、第四は供養の威儀を説く曼荼羅である。両部曼荼羅に通じてこれらの四種が見られる。かくの如きを都会曼荼羅という。これに対して一尊一尊を中心とした一尊曼荼羅あり。或は別尊曼荼羅ともいう。共に本尊となす。

両界曼荼羅を掛けるに自ら方位規格がある。即ち胎蔵曼荼羅は因位の徳を表わし、金剛曼荼羅は果位の徳を顕わす。因位は日出ずるの方即ち東に相当し、果位は日入るの方即ち西に相当す。発心・修行・菩提・涅槃の四転を論ずる時、発心は東に配し、菩提は西に配す。菩提は理を証することであって金剛界の位に相当す。これによって胎蔵曼荼羅は東に安じ、金剛曼荼羅は西に安ず。道場は何方に向うとも常に南面するものとして、東即行者の右方に胎蔵曼荼羅を、西即行者の左方に金剛曼荼羅を掛く、道場の都合にて東西向い合せに掛けることができない場合も此の意味をもって左右に分つ。若し重ねる場合は灌頂初後夜壇の外は、因である胎蔵を下にし果である金剛を上に掛ける。

秘蔵記に曰う「我本来自性清浄の心は世間出世間に於て最尊最勝なる故本尊という、又已成の仏の本来自性清浄の理も世間出世間に於いて最尊最勝なる故本尊という」と。曼荼羅は正に世間出世間に於いて最尊最勝なる道理を表わし、従ってその曼荼羅を根本とした一尊一尊の仏菩薩も亦最尊最勝なることは論ずるまでもなかろう。

註

① 前後四重左右三重、中台八葉院、遍知院、釈迦院、持明院、虚空蔵院、金剛手院、観音院、除蓋障院、地蔵院、文珠院、蘇悉地院、外金剛部院、四大護院

② 羯磨会、三昧耶会、微細会、供養会、四印会、一印会、理趣会、降三世羯磨会、降三世三昧耶会

三　須弥壇と仏前荘厳

本尊を安置する壇を須弥壇という。須弥山の壇ということであって、本尊を安置する台座は当に世界の中心である須弥山の上になければならぬという信仰に基いてこれを須弥壇と名づく。須弥山形なるあり、箱壇なるあり、様式は必ずしも一定しない。壇の上に宝楼閣あり、①七宝をもって荘厳し、金剛界五仏の智である五智②と胎蔵界中台八葉とを合せて五峰八柱となす、その中に本尊を安ず。

仏前には三ツ具足或は五具足を安置し、それぞれに灯明と時花と熏香を献じ、仏供台・精進供膳・料具膳等適当に拝具し、新鮮な餅・菓子・時々の果実等を供え、飯食茶湯などは必ず日々取替え、仏徳荘厳本尊の威光倍増に資しなければならぬ。

花には多種類あり。本尊、仏部の尊には白くして香ばしいもの、蓮華部の尊には黄な花又は水中に生じた花、金剛部の尊には赤い香ばしい花、世天の尊には四季種々の花を用い、又修する法に就いて息災法には白くて甘い花、増益法には黄色の淡い花、降伏法には紫赤青等毒臭荆棘のある木に生じた花、敬愛法には赤い花等それぞれ相応したものを用いなければならぬ。されば一般的には刺あるもの、苦い辛い花は用いない。又凋み虫ばみ枯れたものは使用せず、不祥不浄の地に生じたものも用いぬ。総じて花は慈愛忍辱の徳を現すのである。

灯明は智恵の光であるから昼夜に輝かすよう心掛け、香煙は一切の不浄を消し行者の努力精進の徳を表わすのであるから、昼夜不断に熏ずることが肝要である。仏供台には高坏・須弥台・三宝台等あり、適宜に設備す。総じて献供は本尊の好み喜び給うものを用う。本尊に供養することは同時に本尊化他の徳をもって自性清浄な行者の仏性に供養するのであるから、すべての供具は行者に向えるが良い。

註

① 一説に金・銀・瑠璃・瑪瑙・珊瑚・琥珀・真珠

② 大円鏡智、平等性智、妙観察智、成所作智、法界体性智

四　八祖大師掛け様

本堂には八祖大師の画像を壁画式に掛ける。その掛け様は、凡そ諸堂は皆南面をもって標準とするから、八祖大師を東西に分ち各四人ずつ掲げる。その順序に掛け出し、掛け込みの二様あり。掛け込み式に依れば西側の壁には南より北へ順次に龍猛・龍智・金剛智・不空と安じ、その奥へ高野山では四社明神の御影を安ず。次に東側の壁には南より北へ善無畏・一行・恵果・弘法と掛け、その奥へ明算大徳の御影を安ず。以上の如く安置すれば東西共に南より北へ、口より奥への順序となる。これによってまた口上﨟の順ともいう。行者の左方を根本とする故衆生辺に約する式と云わねばならぬ。若し掛け出しの式に依れば本尊の左①側奥より順に龍猛・龍智・金剛智・不空と安じ、本尊の右側奥より順に善無畏・一行・恵果・弘法と口へ出す。これは奥に上﨟を掲げるから奥上﨟といい、又本尊の左方を根本とする故、仏辺に約する式と云わねばならぬ。

八祖大師の見分け方は普通「龍三・龍経・金珠・不縛・善指・一内・恵童・弘五」として記憶されている。八人の中弘法大師は云うまでもなく本朝の人であって、恵果和尚と一行阿闍梨とは中国その他は印度の高僧である。相続いて印度・中国・日本の三国に密教を伝持しこれを流伝した功績は讃ずるに余りあり、永く我密教徒の感謝止む能わぬ所となす。これによって何れの本堂にも必ず八祖大師を掲げるのが本儀である。

此の八祖に付法の八祖と伝持の八祖とあり、今掲げるところは伝持の八祖であって、共に密教伝持の高祖となす、付法の八祖とは右の八祖中善無畏・一行の二人を除き、教主大日如来と金剛薩埵とを加える。血脈相承は法灯相続上最も尊ぶ所であるから、その場合には付法の八祖を列ね、善無畏一行の両祖は付法の正嫡なき故これを除く。されど伝持の為めには除くことのできぬ功績者である。

註

① 行者の右側奥

五壇

曼荼羅に壇という意味あり。印度では七日作壇法といって、七日間の日時を費し専心如法に土を盛り上げて壇を作り、その上に諸尊の図像若しくは種子である梵字或は各々の三摩耶形を画き、入壇伝法の儀式を執行し、儀式終れば破壇する。此の法はすべて阿闍梨の作す所となっている。然るに中国では漸次その法略式化され、曼荼羅は現図となり、壇は別に木で作られることとなった。木壇①は虚空蔵求聞持法の儀軌に初めて見られるのであって、本朝では専ら木壇を用うるから、大法弘通の為めに非常に利便を得ることとなった。

壇は浄菩提心の大地を標幟す。依って大壇という。此の浄菩提心には因果の二位あれど、修行者の為めには因位求道の信心に名づける。求道心動揺しては求める果が得られぬ。大壇は求道心高潮して動揺しない心地を象徴するのである。

壇に種々あり、材料を本として云えば土壇・木壇となり、形の上から云えば大壇・小壇となり、様式に依れば箱壇・牙形壇・花形壇の三あり、使用法の上から云えば大壇・密壇・片壇・水壇あり。或は三昧耶戒壇・護摩壇・神供壇等の異形のものも見られる。箱壇とは箱形に造った壇に名づけ、牙形壇は壇足の花牙形なるに名づけ、形壇は上下二層の蓮華を設けた壇であって、大壇には四面あれど、密壇は道場の狭い場合或は大壇の準備の整わぬ場合に用う。片壇は当壇に対する片壇にて、水壇は灑水加持の法をもって随時に設ける壇をいう。三昧耶戒壇は灌頂授戒に用うる高机の壇であって、護摩檀は護摩法に用い、多く牙形壇若しくは箱壇に作る。神供壇は神供法に用う。

復四種法相応の壇がある。息災壇は白色円形、増益壇は黄色方形、敬愛壇は赤色蓮華形、調伏壇は黒色三角形となす。道場の大きさによって一壇或は三壇を構え、修する法によって五壇を設ける。三壇構の時胎蔵壇は西向にして行者は東に向い、金剛界壇は東向にして行者は西に向い、不二中壇は南面して行者は北に向う。五壇構は後七日御修法等の如き大法立ての時に用い、大壇・護摩壇・聖天壇・十二天壇・神供壇を設ける。

大壇の大きさに種々あり。四肘・六肘・八肘・十二肘等、道場の大小に随い一定しない。肘とは人の肘より中指の端に至る長さをいう。人によりて長短あるも、大凡一尺若しくは一尺二寸として加減す。或は大壇四尺二寸四方、高さ一尺、板の厚さ一寸とも伝う。

密壇には箱壇・牙形壇あり。火舎一具、六器一面、飯食器、花瓶各二器を置き、別に灯台二基を準備す。（一二二頁図参照）

註

① 木壇のこと、大正二〇・六〇二上

六　四橛と壇線並に壇敷壇引

大壇の四隅に立てる柱様のものを橛という。四隅に各一本ある故四橛と称す。杙の意味にて浄菩提心の大地を堅固にする為め立てる。橛は紫檀木で作るを本義とし、或は余木若しくは銅鉄等で作る。長さ一尺或は一尺二寸になす。此の橛と橛とを連絡する線を壇線という。連持の義であって浄菩提心の徳相を相続して断絶せしめず、又浄菩提心の大地を結界する意を表わす。故に此の線を越えて中に入ってはならぬ。線は東北角即艮隅より始めて順に廻り艮隅に納める。艮は東と北との中間にあり、発心の初位万物発動の本源にて、復万物窮まるの方位と考えらる。依って艮を起点とし艮に納める。若し余りあれば綰ねて白紙に包み水引をもって結び置く。此の線①を造るに一定の法式あり、八斎戒②を授けた童女に作らしめるのであるけれど、近代は便宜のまま出家者自ら香水に沐浴し新浄の衣を着け内外共に清浄にし、本尊に香花灯明飯食等を供えて造る。太さは小指ばかり右合せになす。壇線を組み合わすに胎蔵界の線は白赤黄青黒、金剛界の線は白青黄赤黒、中壇の線は胎金両壇不二の意味をもって白黄赤青黒の順序に合わす。各五色糸を用いる故五色線ともいう。大壇一壇のみなる時は中壇の線を用う。これを引き遶らすに胎蔵界壇は下転、金剛界壇は上転、不二壇は胎金胎金の順序、或は初めの二を胎、後の二を金にすることあり、それは胎蔵の法門は本有本覚下転なる意味を表わし、金剛界は修生始覚上転を現わし、不二壇は両部そのままに金胎不二なるを示す。或は両部の外に不二を立てる教学があるけれど我宗は両部即不二と習う。

壇の上に敷く白布を壇敷③という。敷き様は艮隅より始めて七折りにし壇面を覆う。小壇なる時は五折になす。牙形壇若しくは箱壇には壇引を用う。壇の横側に白布を廻らすをいう艮隅より始めて艮隅に納める。護摩壇には壇引のみを用う。引き様・敷き様共に諸流の習いあり。更に阿闍梨に就いて聴くを要する。何れも新浄な白布を浣濯し香を塗って用う。奥ノ疏には食道のことあれど今は用いない。灌頂壇には大壇敷布の上へ敷曼荼羅を安じ、古の土壇に順ぜしめる。

註

① 壇線を造る法別にあり。習得を要する。

② 不殺生、不偸盗、不邪婬、不妄語、不飲酒、不塗飾香鬘、不歌舞観聴、不高広床座眠臥。
③ 壇敷の様一七頁に図あり

七　舎利塔と五瓶

大壇の中央に舎利（Śarīra）塔を安置す。塔は梵語率都婆（Stūpa）の略にして、その形により種々の名称あり、また古来様々に変化し来っているも、今は功徳聚の意味となす。その中仏の舎利を納むるを舎利塔と名づけている。舎利は仏の身骨にて、仏陀生涯におけるすべての徳集結せるをもって特に崇敬す。しかしてこれに大日如来の徳を表示し、これを尊信するによって無量の功徳が与えられる。

その形に多宝塔形・宝珠形・宝瓶形などあり、多宝塔は高野山大塔の如き形にて、その他宝珠の形、宝瓶の形に造るをもって、それぞれの名称がある。

大壇の中央舎利塔の後と四隅とに花瓶を置いて花を立てる。五つ置く故五瓶という。時花を用い、或は造花を用う。多くの場合五色蓮華の造花である。五色の順序は前の壇線に同じく、胎蔵壇には白赤黄青黒、金剛壇には白青黄赤黒、不二中壇には白黄赤青黒と次第す。その中白は常に中央に置く。余の四瓶に就いて艮瓶と巽瓶との相違あり。それらは古来の流例に依るのであるから明師に就いて直授を受けなくてはならぬ。

五瓶には香水を入れ、五宝・五薬・五香・五穀の二十種物を調合して、綵帛の一端に包み込みて中に浸す。綵帛は五瓶の頸飾りであって、五色の絹布切れで作り、瓶花の色に順じて飾る。尤も御請来様の五瓶には五仏の三形ある故、その三形に順じて綵帛並に瓶花を荘厳しなくてはならぬ。綵帛は次頁の図の如くに作る。

綵帛の掛け様に諸流の習いあり、此処で一口に示し難い。
五宝等の二十種物、各流派によって相違あるも、今中院流近来の様を

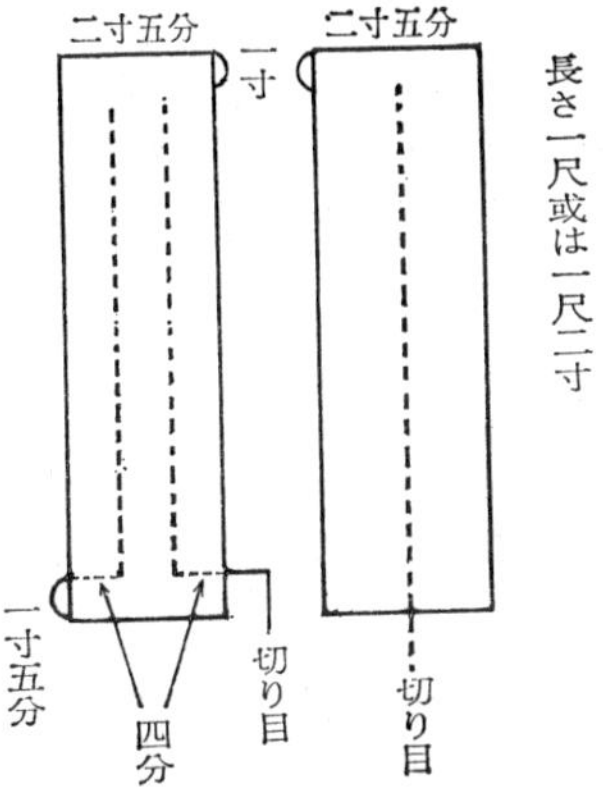

記せば、

五宝＝金・銀・瑠璃・珊瑚・琥珀
五薬＝赤箭・仁参・茯苓・石菖蒲・天門冬
五香＝沈水・白檀・丁子・鬱金・龍脳
五穀＝稲・大麦・小麦・菉豆・胡麻

此の二十種物を調え合わすことを普通五宝合せと称す。

五宝は一心の宝珠から世出世の財宝を涌現して一切の凡聖に施与する意味を表わし、五薬は眼耳鼻舌身という五識分別の病を治して五智を成就し、五香は本有若しくは縁起の一切の功徳が仏陀大悲の風に熏ぜられて法界に芬馥するに約し、五穀は一心の根源から大慈悲の茎葉枝末を生じ究竟涅槃の穂を出すに喩う。

八　仏供

仏供は飯を「突き仏供」に作り、色粉をもって五色に配し供養の用に充当す。その位置は別図の如く壇の四隅に胎角金方の式に置く。五色仏供の位置について、心南院方は両壇共に角、引摂院方は両壇共に方に置くの説あり。今は其の両方を併せて胎角金方として用うるか。巽瓶の時も五色仏供はそのまま方位に就いて次頁図の如く荘厳するを本儀となす。

艮　瓶

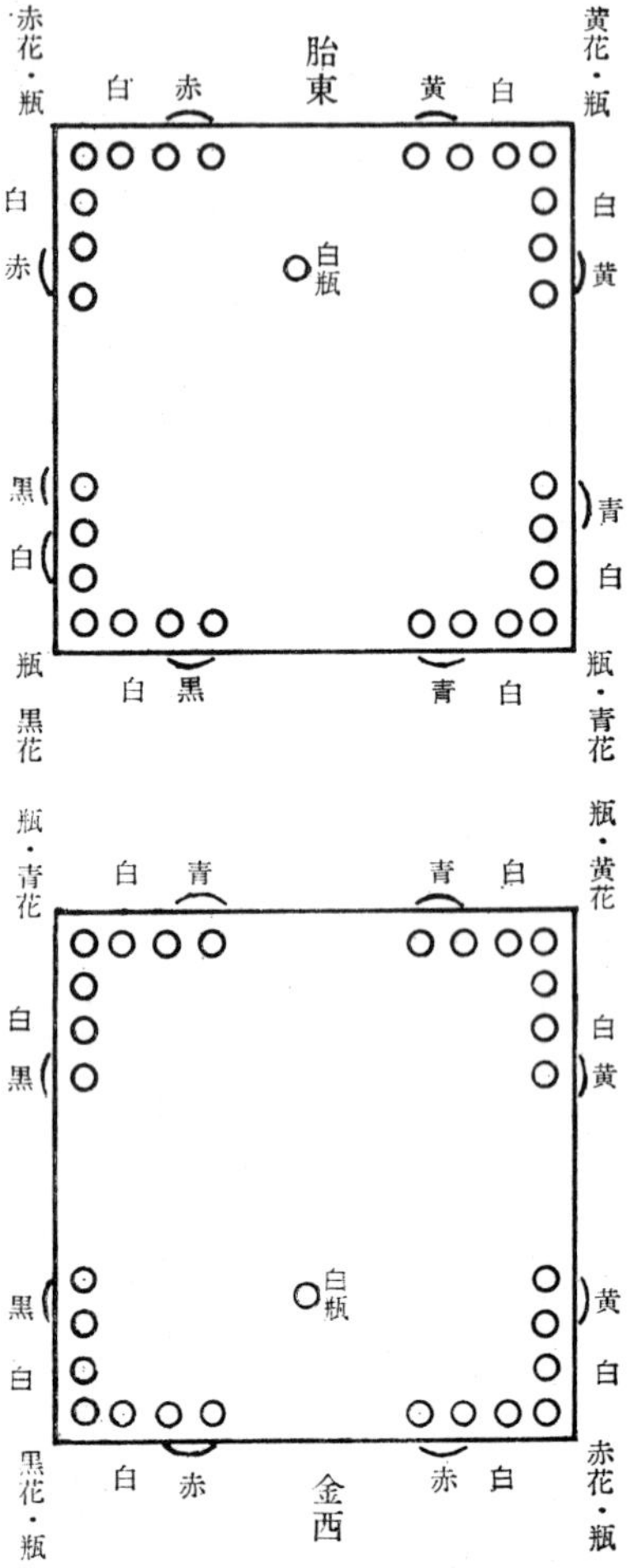

白を大仏供、他の四色は小仏供に作る。その順序は五瓶花に随う。蓋し胎蔵と金剛の五色は五仏の次第、不二の五色は受染の次第に約すと伝えられている。即ち

胎蔵界五色次第

白　毘盧遮那（Vairocana）の浄法界心。一切衆生本源の色である。

赤　宝幢如来。菩提心を発起して明道の中に魔怨を降伏す。光明能く闇昧を除く義。

黄　開敷華王仏。娑羅（Sala）樹王の色。正覚を成じて永遠至高な万徳の開敷するに約す。娑羅樹は冬夏に変化せずといぅに喩ぅ。

青　無量寿色。既に金剛の実際に到り加持方便を以て大悲曼荼羅を現じ、浄虚空中に万像を含むの義。
黒　鼓音如来色。如来の自性大涅槃に住す。涅槃の深玄なるを黒となす。

金剛界五色次第、一説に曰く

白　大　日
青　阿　閦（不動）
黄　宝　生
赤（紅蓮花）無　量　寿
黒（雑色）　不　空　成　就（釈迦）

不二の五色次第（受染に約す）

		五根
白	水大——白は一切の色の初め	信
黄	地大	進
赤	火大	念
青	空大	定
黒	風大——黒は一切の色の至極	恵

九　輪宝・羯磨・金剛盤

輪宝は輪台に載せて壇の中央に安ず。八幅の金剛宝輪であって次の羯磨杵などと共に古代に於ける一種の戦具と伝えらる。摧破の功用を表わす。即一切の煩悩を摧破する意。羯磨は三股杵を十文字に交叉したもので、羯磨台に載せ壇の四隅に置く。

金剛盤は衆生の心蓮華を標幟し、その上に金剛部の表象である五股と、仏部の表象である三股と、蓮華部の表象である独股とを置く。三部の功徳が心蓮華の中に円満することに喩う。五股杵は五智を表わし金剛部に配す。金剛部は智徳を体となすに依る。三股杵は身口意の三密であって、衆生と仏と三密の無二平等なる意をもって両の三股に作る。独股杵は独一法界の理を表わし蓮華部に配す。蓮華は汚泥の中に生じて汚泥に染まず、人は濁悪の中に生れてその濁悪に染まず、一心法界の大悲を体とすることを表わす。又金剛盤の上に鈴を置く、鈴は楽器の一種であって、仏陀説法の徳を示す。仏蓮金三部の説法をもって衆生の煩悩妄想の睡眠を驚かし覚ますのである。此の鈴に五種あり。五種鈴という。壇の中央に位する塔鈴を廻って四方に五股鈴、宝珠鈴・独股鈴・三股鈴を安置す。その形は名の示す如く、鈴の上が塔形なると、五股なると、宝珠なると、独股なると、三股なるとによって区別せられる。塔鈴は輪宝の上、他の四種鈴は金剛盤に安置するのであるが、多く三角形に折った奉書紙の上に置く、これらは四方より中台大日を荘厳し供養するのであって、鈴の外に各方位に各々の杵を並べること①がある。曼荼羅供等の大法会にこれを荘厳す。或は塔鈴の代りに舎利塔を安ずることもある。以上五瓶・五種鈴・輪宝等の位置を図示すれば次頁の如くになる。（但し図は曼荼羅供道場図。不二壇巽瓶の場合）（仏供は金剛界壇に準じた）

註

①　五股杵、宝杵、独股杵、三股杵

道場壇図

○引攝院方は巽瓶
○心南院方は艮瓶

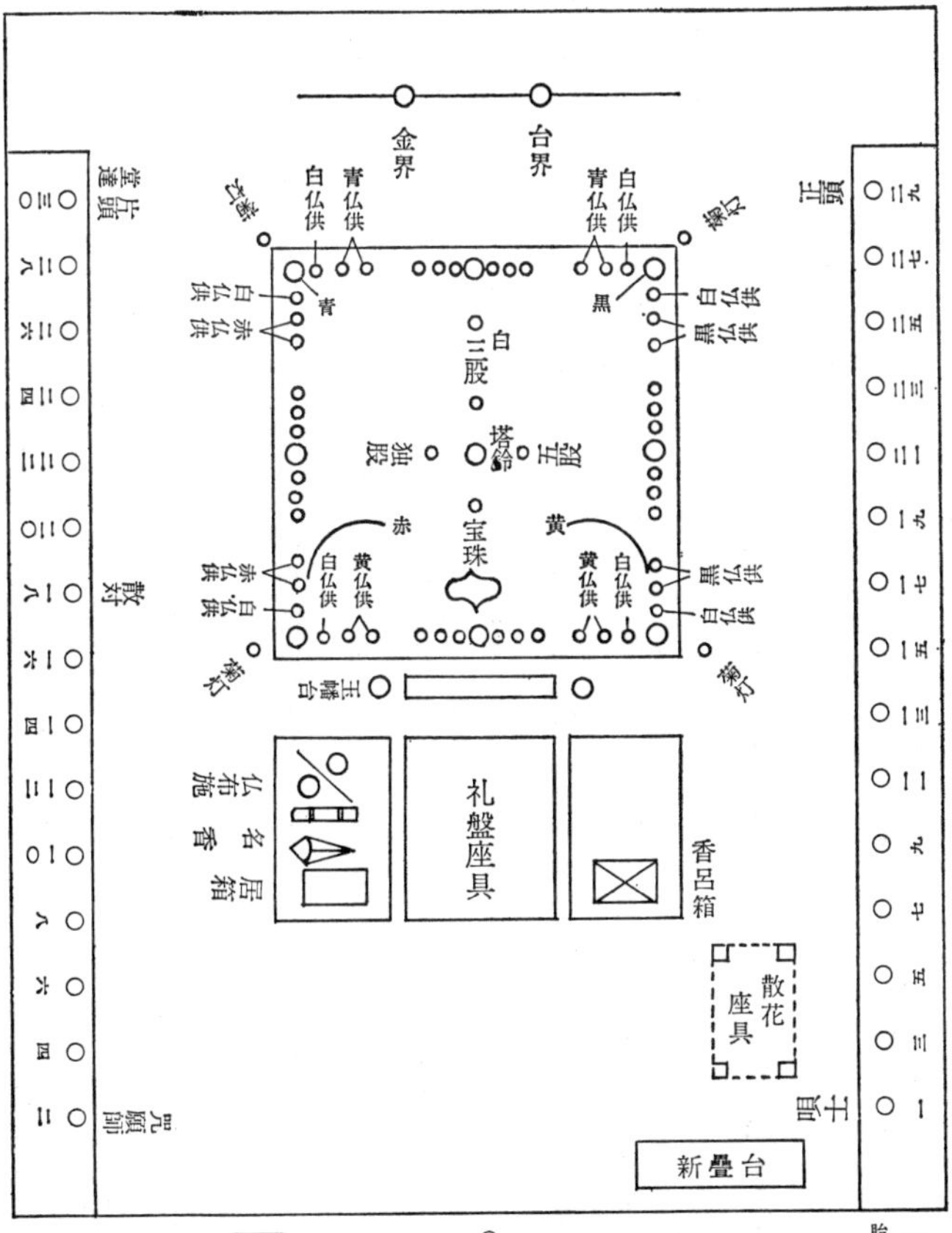

壇敷

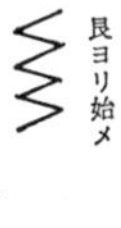

三壇ノ時
○荘厳ハ中坦ニ準ズ
胎，但シ五瓶ノ位置次の如シ

壇線ハ従果向因
下轉明

○仏供ノ色ハ五瓶
ニ順ゼヨ

(中壇ハ上ノ如シ)
壇線ハ不二胎金胎
金

壇線ハ従因至果
上轉門
金

○壇線三壇共艮ヨリ
始メ艮ニ納ム

一〇　六器と六種供具

六種供具とは閼伽・塗香・花鬘・焼香・飯食・灯明という六種供養器をいい、壇の四面に置く故四面器という。その中前の三種は閼・塗・花と略称し、各二器あり、合せて六つある故、これを特に六器といい、垸と称する台の上に底深き金属製の花皿を置く。飯食器は稍々高い仏供台を用い、灯明には灯明皿若しくは燭台を用う。大師の語に「至貧の人と雖も六種の供養を作せ」①とあり、如何なる貧人も六種供具は具備して供養しなければならぬ。金剛界九会曼荼羅の中に供養会あり、供養の境界を示している。此の供養には仏に対する供養、仏より受くる供養、相互の供養、法界に対する供養、法界より受くる供養等重々ある。

六種の第一閼伽に就いて大日経疏②には「閼伽水は即香花の水なり」と記す。或は香水として用いることがある。古来後夜寅の刻には水に花咲くと信ぜられ③、花水と称されている。誠に此の時刻は万物寂として声なく、水中の虫も眠ると伝えられ、至極澄浄である。その花水を取って供養に宛てる。閼伽器の水の上には名華を浮べ、池中の蓮華を表す。行法中の観想には本尊の身を澡浴すると、両足を洗浴すると、漱口するとの義がある。中の花はその為の座となす。

塗香は粉末にした香を手に塗り、身体を浄め、仏を供養するに適当ならしめるものであるけれど、今は花を入れ、或は塗香を盛って供養の具となす。

華鬘は器に四花或は五花等、流例の相違はあれど、花を盛って、因位或は果位の万徳を荘厳し、華香の芬馥と熏ずるに喩える。鬘とは頸に掛けて身を荘厳する花環のことであるけれど、今は仏壇を荘厳して供養の資となすに名づける。

以上の三器には何れも時花を盛るのであるけれど、便宜に任せ樒の葉を用う。その形青蓮花に似ているが故と口決さる。これらは焼香器である火舎を中心に左右一行に並列す。香花の仕様に諸流の習いあり。阿闍梨に就いて習得しなくてはならぬ。今本山中院流の習いを示せば次図の通りである。

（数字は香花の順序を示す）

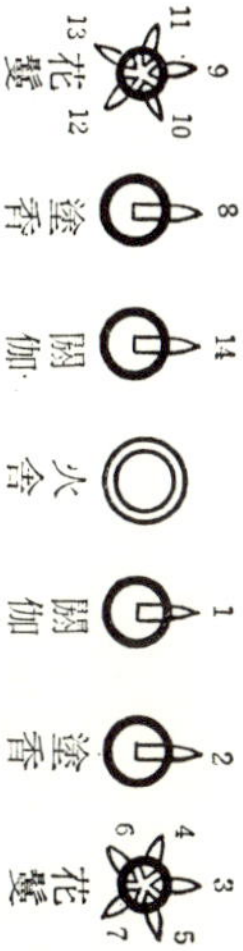

次に焼香とは菩提の香を焚焼する意であって、仏果菩提を求めようとして、真実智恵の火を焚焼し、菩提の果を熏じ、法界に遍満せしめてその徳を成就するのである。一座行法中四度五度の焼香法あり。大法立ての修法には五度、別行若しくは十八道立てには多く四度焼香す。四度とは着座の時と、道場観の前と、正念誦の時と、後供養の時とである。五度の時は此の外に現智身の前で焼香す。

飯食は仏供として供養す。蘇悉地（Susiddhikara）経には供養物に就いて団根、長根、諸果、酥餅、油餅等、或は種々の粥及び諸飯食等を出す。丁寧な供養法には飯・汁・餅・菓④を調備す。これらは皆無上の甘露味であって、有情の命根を相続するものであるから特にこれを供養す。随って臭穢辛苦澁味のもの、或は残物と不浄不祥の食は用いない。日中には飯汁餅菓、後夜には粥、初夜には花水供を用いる。且つ飯食器は洗浄し覆せて内に香煙を熏じ、食を盛って復香煙に熏じ、⑤無能勝陀羅尼（Aparājita-Dhāraṇī）をもって水を加持し、食に灑ぐ等の作法がある。復上首の尊には量を増し、或は三部五部等には部主にのみ直接供養し、余尊は運心の供養をなすなど、種々の習いがある。

灯明は無明煩悩の闇を破って仏果に到達する智恵の光明を意味する。灌頂壇に弟子を引入し、阿闍梨は灯明を加持し、これを視せしめて「願くは汝等一切如来智恵の光明を獲得すべし」といい、無量寿経下巻に「世の灯明⑥最勝の福田とならん」という如き、その深旨を察知しなくてはならぬ。灯明に用いる盞は金・銀・銅・瓷瓦で作る。油は香油、麻油、菜種油等を用う。香油は多くの新香花を取って貫き通して環にし、日中油器の上でしばしば繰り返えし油を灑ぎ、復花を取り替えて灑ぎ、花の香を油に遷して作る。四面器に約して大壇では四灯を用い、壇外四隅に安置す。

以上六種供養に事供・理供等の法がある。六器は六種供養であって、六波羅蜜行に外ならぬ。大師の語に「檀⑦水戒塗忍辱花、進焚禅飯般若灯、精進遍六置中間」とあるは、その意味を表わすと共に、六器の並べ方を表わしている。

註

① 高雄口訣、大正七八・三四上
② 大日経疏第十一、大正三九・七〇〇上
③ 行法肝要鈔巻上、真全二三・一五一下
④ 菓或は果
⑤ 無能勝明王真言曰、ナウマクサンマンダボダナン、ヂリンヂリン、リンリン、ジリンジリン、ソワカ
⑥ 大正一二・二七四中

⑦ 駄都秘決鈔第四、真全二三・二四五上、高雄口訣、大正七八・三六下

一一 礼盤・脇机及び磬台・前机

礼盤は行者の坐する台座であって、種々の模様の彫刻を施したものがあるけれど、獅子或は蓮華の在るを尊しとする。獅子座或は蓮華座を標幟するに依る。獅子は勇健の菩提心。蓮華は白浄の信心に安住することを表わす。その高さ六寸七分、長さ一尺二分四方、或は高さ五寸、広さ一尺六寸七分四方のものあり、麻布で造った座具を敷くが本儀である。

脇机は礼盤の左脇に置く。長さ一尺八寸四分、広さ一尺、高さ八寸二分、或は長さ一尺四寸、広さ八寸高さ七寸とも記さる。上に灑水器・塗香器・散杖・念珠・柄香炉・香盒を置く。灑水器・塗香器は前の六器の如き器に蓋を覆う。然して灑水器の中には閼伽水を入れ、沈香の如き上等の香を浮べる。清浄の香をもって清浄の水に和するの意である。

散杖は印度では茅草を束ねて用いていたけれど、本朝では梅の若枝若しくは柳、或は桑の枝等甘味液汁の在る木の南枝をもって作る。総じて毒木は用いず。長さは檀の大小に従って多少相違するも、曲尺の一尺二寸、或は一尺六寸、一尺八寸等に截り、末を八角に削り、両端より二三寸を隔てて二箇所に八刀の痕を入れ、八葉蓮華を表わす。これを加持した灑水器の水の中に入れ、清浄なる香水に浸し、法界衆生の心地に灑ぎ、外には法界の不浄を除き、内には煩悩の垢穢を断ずるに擬す。

塗香器には行者用の塗香として、沈香・白檀香等を入れ置く。行者はこれを両の五指及び手掌の内外身等に塗

り、五大所成の己身を清浄ならしめる。

柄香炉の中には香を熏じ、本尊に対し慇懃な威儀を整う。香煙遙に立ち上りて空中の諸尊を奉迎するのである。香盒には焼香用の五種香を入れて置く。

念珠には行者の祈願用と正念誦用とあり。正念誦用は行法中正念誦の時にのみ用い、祈願用は其他の場合に用う。念珠の標幟に就いては次に説くことにしたい。

灑水・塗香・念珠の位置に就いて定戒恵・戒定恵等の諸流の習いがある。明師について修習しなくてはならぬ。灑水は定、塗香は戒、念珠は恵である。

礼盤石脇に磬台を置く。これを脇机の上に置く流もあるが、今はそうしない。磬は鳴らすものであり楽器の一つであって、本尊に法会の意趣を表白し、読経の意趣を表白し、或はその終りを告げんために打つ。

礼盤の前、壇との間に細長い前机を置く。高さは壇より低く、礼盤より稍々高いものを用うる。上に聖教箱を置いて行法用の法則などを入れる。

一二　念珠の標幟

念珠を或は数珠という。数を取るものであって本来摺り鳴らすものではない。三井寺鳥羽僧正覚猷が、禁裡御修法の後加持の時、念誦する真言の終りを伴僧に知らしめようとしてこれを摺り給うたというに縁由す。爾来これを例として導師祈願の際少し摺り鳴らすこととなったと伝えらる。この念珠に百八顆・五十四顆・四十二顆等種々の数量あり。①仏説木槵子経の所述に依れば、仏陀（Buddha）が祇闍崛（Gijjhakūta）山で難陀（Nanda）国瑠璃（Viḍūdabha）王を度し給うた時、木槵子一百八顆を串き通して常に所持し、行住坐臥に離さず、至心にして散乱心なく、三宝を念ずるに、その徳極めて大きく、二十万遍誦じて②夜摩天に生じ、一百万遍誦じて百八煩悩を断じたと記す。以って念珠の功徳を窺うに足るであろう。

百八顆の念珠は五十四顆ずつに分ち、その中間に母珠と緒留めとあり。達磨《たらま》（Dharma）という。達磨は梵語であって法と訳す。無量寿仏説法の徳に約す。二珠あるを両達磨といい、一珠なるを片達磨という。各珠を貫く緒は観自在菩薩の徳を表わし、真言行人所観の法に観達自在なるをいう。③百八顆は百八煩悩を標し、又金剛界百八尊に配す。母珠と緒止めとの間の五十四顆は、仏道修行の階梯たる④五十四位を表し、これに本有と修生とあり、併せて百八顆を成ず。数を取るは修行門修生の徳を意味し、一々に断惑証理す。五十四位の最後は仏果であって、それ以上に修行の階梯なき故母珠を越えてはならぬ。本有門は五十四位なる修行の徳の本有を意味し、修生極まれば化他門の作業に出でる。

母珠と緒止めの所に更に小さい房があって十顆を附している。これを記子といい、又十波羅蜜（Pāramitā）となす。檀・戒・忍・進・禅・恵の六波羅蜜に、方・願・力・智という四波羅蜜を加う。共に菩薩の修行法に名づく。布施・持戒・忍辱・精進・禅定・智慧と、二利の方便善巧と、願と、思択修習の力と、成就法悦の智とである。十波羅蜜と六波羅蜜とは開合の不同であるけれど、今は満数を尊ぶ為めに十波羅蜜となす。母珠と十波羅蜜との間に在る一の小珠を補処の弟子という。弥陀の補処は観自在菩薩である。観自在或は観音という。自在に一切衆生の苦しみの音を観察するの意を表す。補処の弟子とは前仏の跡を受けてやがて仏位を補うに名づく。記子の末にある二珠を福智の二厳という。福と智をもって荘厳す、緒止めに付くは本有の徳、母珠に付くは修生の徳に約する。

左右各々五十四顆の中間に二つの小珠あり、四親近と名づく。今は阿弥陀如来の四親近、法利因語の四菩薩に配する。百八珠に対し、五十四顆あるを半連といい、復⑤四十二顆あるは菩薩修行の四十二位を標幟す。二十七顆あるを四半連と名づけ、⑥二十七賢聖に擬する。二十一顆あるは本有の十地と修生の十地と仏果とであって、十八顆あるは十八界に⑦約す。すべて円形の珠で造る。その材料に種々あり。修する所の法によって相違することを知らねばならぬ。

菩提樹果は仏部　　　　息災法の用
金剛樹果は金剛部　　　降伏法の用
金銀水晶等宝玉製は宝部　増益法の用
蓮華子は蓮華部　　　　敬愛法の用
雑色宝珠は羯磨部　　　鉤召法の用

これらの中自行用には菩提子若しくはこれに準ずるものを用い、晴れの儀式祈願等の為めには宝珠を用いるが相応しい。

常には両達磨の念珠を用う。脇机に安置する時にはこれを三匝にし、母珠を上にして本尊の方に向ける。

真言念誦に五種あり、⑧五種念誦という。

声生念誦　　音声を他に聞かしめる。

蓮華念誦　　誦ずる真言の声自の耳に達する程度の念誦華である。

金剛念誦　声を出さず僅に舌端を動かす。
三摩地念誦　心の中で念誦す。
光明念誦　口より光明を出す。
修行の進むに随いて各々の念誦を行ず。

〔註〕中古以来念珠を摺るに諸流の習いあり。今中院流の摺り様を見るに、諸留めを左の頭指に掛け、母珠を右の中指に掛け、房は左右共に掌中に入れ、右を仰げ左を覆い、両三度摺る態にして、左の手を向へ摺り出して止む。三宝院流には母珠を左の中指に掛け、諸留めを右の中指に掛け、房は左右共に掌中に入れ、左を仰げ右を覆い、掌を横に差し違えて両三度摺る態、右の手を手前へ引いて止む。

註

① 大正一七・七二六上
② 夜摩天は欲界に六欲天ある中第三の天である。
③ 三界見惑に八十八使あり、修惑に十あり、合せて九十八。これに無慚、無愧、昏沈、悪作、悩、嫉、掉挙、睡眠、忿、覆の十煩悩を加う。百八尊とは金剛界三十七賢、劫十六尊、外金剛部二十天、五仏頂、十六執金剛、十波羅蜜、地水火風の四大神をいう。
④ 十信・十住・十行・十廻向・十地の五十位と、十廻向の終りに煗頂忍世第一の四位を開き合せて五十四位を数う。
⑤ 十住、十行、十廻向、十地の四十位に、等覚、妙覚を加えて四十二位となす。
⑥ 二十七賢聖、一説に預流・一来・不還に各向と果とあり。それに阿羅漢向、随信行、随法行、信解・見至・家々・一間・中・生・有行・無行・上流の十八有学と、退法、思法、護法、安住法、堪達法、不動の六羅漢と不退、慧解脱、倶

解脱の羅漢の九無学を加える。
⑦　十八界・六根・六境・六識である。
⑧　五種念誦、秘薬記参照

一三　十二天と道場内外の荘厳

十二天尊像、大法興隆の為めに天部の尊を奉安して供養し擁護を願うのである。その順序について諸流の習い別である。

中　院　流
東方　日・梵・伊舎那・帝釈・火・焔摩
西方　月・地・毘沙門・風・水・羅刹

三宝院流
東方　梵・日・伊舎那・帝釈・火・焔摩
西方　地・月・毘沙門・風・水・羅刹

と次第す。その所持物を見るに、日天は日輪中に烏、梵天（Brahmā-deva）は蓮華、伊舎那天（Īsana-deva）は鉢皿、帝釈天（Cakra-indra）は独股杵、火天は念珠、焔摩（Yama）天は人首、月天は兎、地天は盛り花、毘沙門（Vaiçravana）は多宝塔、風天は幢、水天は龍索、羅刹（Rākṣasa）天は刀を持す。

道場内荘厳具の主要なものに天蓋がある。これに仏天蓋と人天蓋とあり。仏天蓋は大壇の上に釣り、人天蓋は

礼盤の上に釣る。人天蓋の四隅には十六大菩薩の幡あり。四摂幡という。十六大菩薩は金剛界曼荼羅会上四仏各々の親近者にして、

阿閦仏　　薩・王・愛・喜（金剛薩埵、金剛王等と称す）

宝生仏　　宝・光・幢・笑

弥陀仏　　法・利・因・語

釈迦仏　　業・護・牙・拳

四摂幡の裏には各尊の三摩耶形を顕している。金剛薩埵は五股、金剛宝菩薩は宝珠、金剛法菩薩は独股、金剛業菩薩は羯磨である。これによって巽隅を初めとし五宝一羯の順序に掛く。胎蔵の幡ならば皆宝珠形を表している。此の外幢幡・華鬘・瓔珞等懸列し、道場の外郭には宝鈴の鐸を懸けるなど、内外共に資力の応ずるに任せて、道場を本尊の妙楼閣とならしめ、本尊の威徳と行者の信心との培増に資しなくてはならぬ。

本堂の裏堂等は、近来有縁の諸聖霊或は有縁の仏を安置して供養し、持仏堂には本尊の外に両界曼荼羅、大師・明神・八祖の影、其他有縁の仏、先師尊霊等を安置し、昼夜念誦を絶たないようにする。

一四　護摩壇

護摩（Homa）というは梵語であって梵焼の義となす。印度では祀火外道盛に此の法を行じ、捧げる供物を煙にして遙かに天上の神に達せしめる。けれど密教の護摩法はその主旨大いに異っている。これに内護摩と外護摩とあり。内護摩は全く精神的の法であって、行者の観念と智力とをもって煩悩業障を焼き、純浄の菩提心を成長せ

しめる。外護摩は薪を焚き供養を行ずる事作法であって、その形式は彼の祀火外道の法に似た所もあるであろうけれど、我が密教ではその事作法の中に行者と本尊と壇上の炉火との三平等を観想し、行者修する所の三密行中に広大の供養を成ず。そして諸尊法には必ず皆各々の護摩法あって、速に悉地を得しめる。又四種の護摩法あり、相応の炉を用意す。即ち、

息災護摩炉　円形にて底には十二輻輪あり、護摩木は甘木を用う。

増益護摩炉　方形にて底には三股杵あり、護摩木は果木を用う。

敬愛護摩炉　蓮華形にて底に蓮華あり、護摩木は花木を用う。

調伏護摩炉　三角炉にて底に独股杵あり、護摩木は苦木を用う。

此の外鈎召・延命等の護摩法あれど、延命は増に摂し、鈎召は敬愛に摂す。炉を安置する壇も、その炉の形に応じて円壇・方壇・三角壇・蓮華形壇を用う。百八支の護摩木は百八煩悩を表し、三支の乳木は三毒煩悩を示す。①漱口・塗香・蘇油・乳木・飯食・五穀・切花・丸香・散香を九種物という。摂して六種供具となす。

漱口(水)は閼伽　　塗香は塗香

蘇油乳木は灯明　　飯食五穀は共に飯食

切花は花鬘　　丸香・散香は焼香

行者は護摩法によって百八煩悩を滅燼し、六度の功徳を成就す。護摩法を修する堂を護摩堂という。本堂の隣に設く。壇の大小は道場の広狭に応じ、寸法は大壇に準ずる。

壇上に炉を置き所用の供物を備え、五瓶四面器等はすべて大壇の如く、壇線は大壇に準ずるも、正面に門を設け、柱に壇線を五巻き或は七巻き九巻きになす。散杖は脇机用よりも稍長きを準備す。四灯・柄香炉等は常の如く、以上荘厳を図示すれば上の如くなる。

註

① 貪、瞋、癡

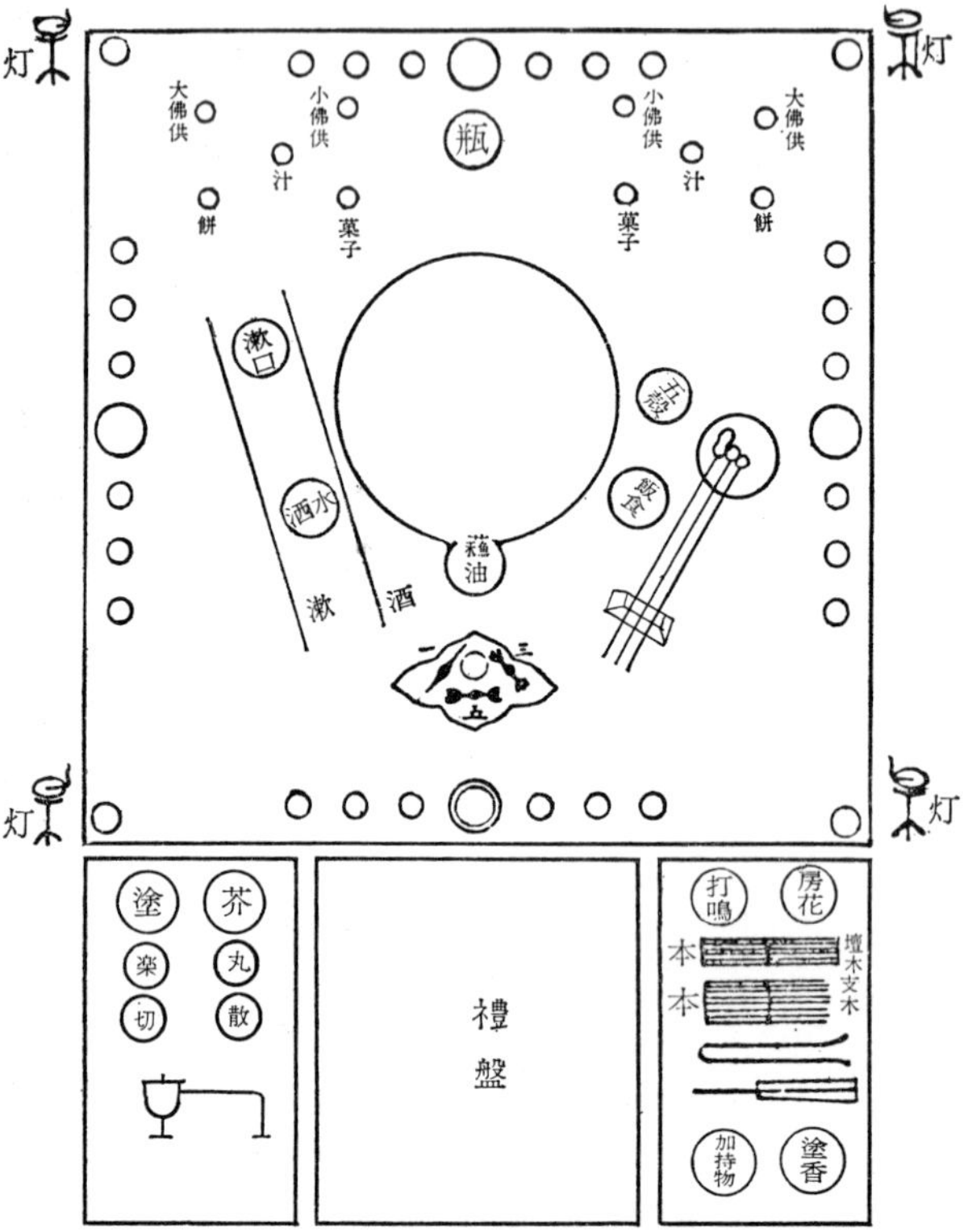
灯
灯
灯
灯
大佛供
小佛供
小佛供
大佛供
汁
汁
餅
餅
菓子
菓子
瓶
漱口
洒水
五穀
飯食
油
漱
洒
塗
芥
丸
切
散
禮盤
打鳴
房花
本
本
壇木支木
加持物
塗香

第三章　諸法会概説

一　顕密法会

仏陀教法の枢要を撰集して法味を捧ぐる故法要という。これに顕立と密立とあり。顕立とは顕教流の法会にして密立とは密教独自の法会に名づける。顕立に式講中心の法会と経中心の法会とあり。常楽会の如きは前者であって、大般若会・仁王会の如きは後者に属する。密立に講式中心の法会と経立と咒立とあり。弘法大師降誕会・不動講・明神講の如きはその第一類であって、理趣三昧会・経立曼荼羅供の如きは第二に当り、咒立曼荼羅供・各種洛叉（Lakṣa）会、光明三昧会の如きは第三に属する。別に講讃の法会あり、顕立・密立ともに用う。復顕密合行の法会あり、八名経三昧会・阿弥陀三昧会の如き、又大般若会を此の式にて行うこともある。その規模に三種あり。

一、一箇の法要　三礼如来唄を用いるものであって、顕密に通用す。謂う所の如来唄は魚山私鈔に中唄と称し、行香唄を加う。御影供表白師・大般若表白師の作法の如く、導師登壇して礼盤の上で唱誦する。

二、二箇の法要　唄と散花対揚とをいう。唄とは唄匿（Paṭhakam）といい、仏徳を讃じて一会の寂静を期し捧ぐる法味の功徳を培増するに名づける。如来唄と云何唄とあり。一会の上﨟の役であって、密立には云何唄を誦ず。散花は清浄の妙花を散じ、仏国土を荘厳する意、三段あり。初段と第三段とは一定しているけれど、中段は各々法会の旨趣に依りて適宜取捨しなければならぬ。密立には、一切の仏徳を大日に帰するという意によって多く大日散花を用う。対揚とは法会の対告衆《たいごうしゅう》を讃揚するをいう。魚山私鈔に示す如くこれに一定の字句あれど、各法会に応じて入句《いれく》あり。随時明師に就いて聴くを要する。散花対揚は、曼荼羅供等には衲衆の浅臈に配する故一会の中臈に当り、同一人役となす。散花より対揚を開くの意に依る。此の二箇法要は土砂加持会曼荼羅供等多く密立法要に用いられるけれど、仏生会の如く如来唄に釈迦散花を称えて、顕立法会に用うることもある。

三、四箇の法要　唄・散花・梵音・錫杖をいう。顕立に限る。唄は如来唄①であって、散花中段は釈迦、或は各々尊の讃を用う。梵音というは、広くは印度の声明ということであるけれど、今は特に妙花を散じて三宝を供養する特殊の讃に名づける。その響き十方に遍じ、聞くもの皆道果を得。印度以来供養の為めに唱えらるる特殊の讃である。錫杖は所謂錫杖を持して有情の長眠を覚まし、心の仏塔を実現する讃に名づける。若し対揚を用いれば梵音・錫杖を除く、梵音・錫杖は浅臈中の上席に配役す。

散花・梵音共に花籠②を用う。散花には花六葉を準備す。即ち初段の香花供養仏の香花にて一葉、同じく中段の香花にて二葉、第三段の香花にて三葉を散ず。都合六葉を用いる。若し梵音あれば更に十葉必要となる。十葉の用法は常楽会③の条に記す。散花・梵音・錫杖衆は共に起座す。対揚は本山では頭人のみ起居し、諸衆は起居しない。起居には蹲踞④して合掌す。各々の法会に庭儀を行うことがある。晴れ晴れしくするか否かによって用不一定しない。

註

① 長唄と云われるもの

② 広沢にはケコと云い、醍醐にはハナゴ、高野にはハナカゴと云う。
③ 常楽会本書七六頁参照
④ 蹲踞或は踞跪するという説がある。

二　着座法と行道

一座の法会を勤める時、諸衆の着座[1]に心得あり。先ず標板ある時は扇を板の上に置き、右手で一緒に取り上げ、履物は先ず右を脱ぎ、其足を座坪へ踏み出し、次に左足の履物を脱ぎ乍ら右廻りして、左右を互に見合せ一斉に厳重に着座し、扇の要[2]の方で履物を直す。坐する位置は畳を横に、凡そ七分三分に見はからい、後方七分の所に坐し、前方三分の所に法則と扇を置く。何れも坐する畳の縁より向うへ出張ってはならぬ。扇は法則等ある時は竪にし、法則等なき時は横に置く。但し中啓は金を表となす。着座と同時に衣紋を繕い威儀を正す。目は前方約三尺ばかりの辺を何となく見開く。かくて法要中は姿態を乱さず、極めて端厳な姿勢に住する。

屏風折

上席

一	二	三	四	五	六
十二	十一	十	九	八	七
十三	十四	十五	十六	十七	十八

駒取座

上席

一	三	五	七	九	十一
二	四	六	八	十	十二

布縁座

上席

一	二	三	四	五	六
七	八	九	十	十一	十二

席順は奥上臈或は口上臈である。左右を分つ時集会所[3]では、大阿闍梨の左方を上臈とし、本堂では本尊の左方を上臈となす。或は奥上

臈の席順を駒取座といい、口上臈を若蕨《ほとろ》座という。又布繰《ぬのくり》座という座法がある。数十人集会の時、何行にても一方の端を上臈として臈次に任せ坐するのである。これを一行に着座すともいう。復屛風折の席順がある。即ち、各場合に応じてこれらの座法を適宜に用う。

散花・理趣経等に行道をなすことがある。行道散花といい、理趣経中曲行道という。その法は各々の条に説くことにしたい。但し行道の場所に三様あり。

一、座行道　職衆の座席を行道す。

二、床行道　職衆座席の前の床を行道するをいう。

三、大行道　本山金堂舎利会の時に執行する如き行道の仕方であって、或は唐折行道ともいう。

復行道の仕様に三あり。

一、押廻わし行道　頭人を中心に席順のまま行道し、行きなりに立ち止まり内側へ向く。

二、切り込み行道　曼荼羅供散花行道の如く、頭人と左方一臈との間に右方上臈より順次に切り込み、右方浅臈の後へ左方上臈進行す。④

三、大切り込み行道　頭人を先頭にして、左右一人ずつ右方を前に切込みて行道するをいう。

座若しは床を押廻わし、切り込み、大切り込み等にて行道すること多く、大行道を用うること本山には少ない。草鞋を履いた時は床行道に限る。

総じて行道は舞菩薩の三昧を表すものであるから、念珠・扇を両手金剛拳に持ち、脇にしてその威儀最も厳重に、前後の間隔足の進退等特に注意し、一同の所作を一定するよう注意しなければならぬ。三世の罪障を滅し、三毒を除き、三界を超え、三密を具足するが為めに、三匝するを本儀とし、一匝して止めるは略法である。丁寧には七匝すべきであるけれど今は用いない。此の行道に対し坐したままで唱誦読経するを平座《ひらざ》という。

註 行道の進退はすべて右進左退である、即進む時は右足より、退く時は左足より運ぶ。猶行道の時畳の縁は踏まず、敷居の上には立たず。草鞋を履いた時はその音高くならぬよう注意を要す。

註

① 着座の心得本山近来の式に依る。

② 扇の持ち方、筆を執る如くにする。

③ 集会所とは諸衆集会して装束を着け法要出仕を待つ所のこと。

④ 左方右方はすべて本尊についていう。

第四章　理　趣　三　昧

一　理趣経の読み方

真言宗に於いて朝夕の勤行は勿論、各種法会に於いて最も広く依用せられるは理趣経である。或は般若理趣経といい、具には大楽金剛不空真実三摩耶経という。不空三蔵の翻訳であって、宗学上講伝門に於いて厳重に教えられる所となす。一字一字の読み方は師に就いて習熟しなければならぬ。

本経を読むに先ず長韻・中曲・切々経《ぜぜぎょう》の三様がある。長韻の読み方は金堂不断経会に用いられる所であって、その音譜は已達の師に就いて習わなければならぬ。中曲は長韻と短音なる切々経読みとの中間の曲ということで、譜士は魚山私鈔で習う。切々経は常の読み方であって長い譜士を用いない。長韻中曲には行道があるけれど、切々経には行道なく平座で読む。

切々経読みに復真・行・草三種の読み方が伝えられている。真の読み方は最初の帰命の帰、各段の時薄伽梵の時を全部音読する丁寧なる読み方にて、「菩薩勝恵者」以下の百字偈は一声上げて悲しく読むの故実となっている。次の行読みは最初の帰命の帰と、第四段以下時薄伽梵の時とを消し、草読みは帰命の帰と各段の時とを共に消す。斯くの如く三種ある中、葬式・枕経其他速疾を願う場合には頓成を期して稍早く草の読み方を用う。又葬儀・枕経には初の勧請の句と終りの廻向の句とを略す。これは経本来の文に非ず、本朝に於いて加え用いられる所にて、一刻も早く亡者の得脱を願う為め、直に経の本文を誦ず。廻向は経を読誦した功徳を各々志す所へ廻らし向えることであって、今は専ら亡者の得脱を願う故その要がない。尤も墓所では既に亡者が得脱しているというので、勧請廻向共に読む。

行の読み方に最初の帰を消すは、直に法身毘盧遮那の御名を唱え、行者の命根と無二一体なるの義に就く。仏の字は微音に誦じて顕露にしない。これは毘盧遮那の覚智を外にして仏なき道理に依る。第四段以下の経頭に時を略するは、往古覚鑁上人御入寂の砌り、五智房融源阿闍梨その棺側に侍して本経を読誦せられた。その時第二段以下に至って上人自ら棺の中から親しく経の頭を出され、その音微にして第四段以下の時音遂に聞えなかったという故実に習う。本山宝性院方は第二段の「如是説已」の四字を読まずと習う。真の読み方は涅槃寂静を表わして年廻追善等に用う。

猶本山では切々経の時勧請に「弘法大師増法楽」、或は「過去聖霊成正覚」等の入句①を用いず、廻向に過去・般若の入句②を用う。

他山には二段延べ三段延べなどと称し、初段と二段或は三段目までを緩に読み、それ以下を少し早めて読むことを伝うれど、我山にあっては古来終始緩ならず急ならず、雨垂れの滴る如く、経文の一字一字を念じて読む。その中祈禱或は葬儀等には少し早く、追善等には稍々緩に読む。

切々経の経頭は上﨟の役なれど、中曲長韻の時は浅﨟の能音者に配す。

註　本経各段に印真言あり。三密双修の　めには各段毎にこれを結誦するを本義となす。切々経の頭は袈裟の下、若しは袖の中に合掌して発音す。

註
① 入句（イレク）　中曲長韻の時には此入句あり
② 中曲長韻にはこれを入れず

二　理趣三昧会

理趣三昧会とは理趣経を読む法会に名づく。一心を理趣経文に専注して散乱するなく、一切の妄念を離るるをいう。経文に「若し能く受持して日々読誦し作意し思惟せば」その功徳甚深なりとし、「若し此の理趣を聞きて受持し読誦して其の義を思惟することあらば、彼仏菩薩行に於いて皆究竟するを得ん」というが如く、その経文読誦の功徳は広大である。導師は理趣法を修す。①

此の法会に平座と行道との二様がある。平座は坐したまま勤め、行動は魚山私鈔に示すような譜を唱え、立って大壇の周囲を遶る。復法則に広中略種々あり。最略は理趣経・讃・廻向にして、平座にて切々経、四智・心略・不動の梵語讃に譜を付せず、懺悔随喜の廻向方便文を加えて読誦す。廻向は読誦の功徳を廻らし向けて、志す所の仏徳を増進する故、常に読経の終りにこれを誦ずることになっている。

次の略式は、前の如く平座で、五悔と経と後讃・廻向と次第して勤修する。五悔は導師の発音にて助音す。帰依・懺悔・随喜・勧請・廻向の五段より成り、初に浄三業と礼仏の真言、後に発菩提心と三摩耶戒の真言を加え、次いで諸仏勧請の句と五大願とを加える。尤も五悔は金剛界法に用い、胎蔵法には九方便を用う。九方便とは作礼・出罪・帰依・施身・発菩提心・随喜・勧請・奉請・廻向の九をいい、初に入仏三昧耶・法界生の真言あり、後に転法輪・能成就明を加え、諸仏勧請の句と五誓願とを合せ唱う。後讃は経の後に誦ずる讃の意にて、これに総別あり。四智と心略との漢語讃二段は総徳を讃じ、後の一讃は別徳を歎ず。故に各法会の趣意に応じて諸尊各別の讃を用うるの習いであるけれど多くは仏讃を唱える。但し後供養の閼伽の音を聞かないで後讃を出してはならぬ。或は後讃に対して前讃を用う。五悔の後理趣経の前に唱える讃であって、後讃の漢語に対し、前讃では多く四智・心略の梵語讃に不動梵語讃を誦ずる。或は伝供の讃を付することもある。②此の讃は供物を献備するの讃であって、着座の後導師の灑水作法を見て発音す。これに四智・心略・不動の梵語讃を用いることもあれば、或は四智梵語一讃のみを唱え、或は四智梵語讃に吉慶漢語讃・仏讃を唱えることあり、別しては時々の本尊讃を用うることもある。その用不も一定しない。前讃・後讃は同一人役なるも、御影堂正御影供讃頭の外伝供讃は別人役のことが多い。又廻向伽陀・称名礼を加えることがある。廻向伽陀は、伽陀を唱えて所修の法会の功徳を志す所の仏に廻向するの意、称名礼は教主・経王等の名を称して礼拝するに名づく。三句あり。共に「南無」の羽の位に立って下二字で居する。蹲踞合掌し、第三遍目の終りに頭人諸衆同時に五体投地し低頭の礼を行う。以上③(伝供)・五悔・(前讃)・経・後讃・廻向・(廻向伽陀)等と次第する法会を、前の略式に対して便宜上中式と名づけ得られるであろう。これには平座と行道とあり。復庭儀を行うこともある。

広式は近来広く行われる法要附理趣三昧会であって、庭儀を行うて勤めることもある。初に総礼伽陀(踞跪)・唄・散花対揚を加え、終りに廻向伽陀(踞跪)称名礼(蹲踞)等を加う。或は過去名簿を読むことあり。④総礼伽陀第二・三句の頃導師登壇、金二打の後唄士発音。但しこの二を除いて伝供の讃を唱えることもある。

若し伝供あれば、諸衆着座の後に鈸を頭人に賦す。唄の第二句終り、或は伝供讃終りに花籠を配し、対揚終ればこれを撤し、羽箒⑤で花を掃き集め、穢れない塵取りで取り去ることがある。五悔の終り五大願の初めに前讃⑥の鈸を出す。讃畢ればこれを撤す。理趣経合殺行道の後一同着座せば後讃の鈸を出し、讃終ればこれを撤去す。経の次に過去帳あればこれを進退しなければならぬ。これらは承仕の心得である。讃頭鈸の数は別に記す如く（三六二頁参照）、諸法会に通じてよくよく注意を要する。

註　庭儀を営む時は別に集会所を設く。その席は曼荼羅供法会に準ず。配役は土砂加持会並に常楽会に準ずる。

註

① 登壇作法導師所作参照（六八頁）
② 伝供或は奠供に作る
③ 已下の括弧内は用不一定せず。
④ 過去帳師作法土砂加持法会職衆所作参照（六七頁）
⑤ 対揚の後羽箒等を用うることは本山近来の風である。
⑥ 前讃なければ此の必要がない。

第五章　曼荼羅供法会

一　種　類

両部大曼荼羅を供養する法会を大曼荼羅供、或は曼荼羅供略して曼供という。①弘法大師弘仁十二年（八二一）二部大曼荼羅等を修造しこれを供養し給うて以来、本尊の法楽・堂塔新造改修慶讃・新写曼荼羅、又は写経奉納供養・聖霊得脱等の為めに広く行われ、真言宗最高の法儀、諸法会の規模を成すものとして、頗る厳重に勤修せられる。

曼荼羅供法会に経立と咒立とあり。経立は法則次第の如く理趣経を読み、咒立は本尊或は両界曼荼羅大日の咒等を誦ずる。復誦経合行のことあり。誦経別行のことあり。合行の時は大阿闍梨これを勤め、別行の時は誦経導②師勤む。また此の法会に次の如き三種の行様がある。

一、庭儀曼荼羅供　書も丁重なる法会であって、庭の儀式をなす故かく名づけらる。

二、堂上曼荼羅供　雨天等の際、庭儀を執行することの不可能な場合に行う。縁若しくは廊下を通って入堂する故に、筵道・幔門・讃机・法螺・持幡童・執蓋・執綱等を略し、玉の幡は予め堂内へ立て置く。作法は下に説くこととする。（一二〇頁参照）

三、平座曼荼羅供　庭儀なく堂上の儀式なく、諸衆直に入堂して法会を執行す。作法は下に説く。（一二〇頁参照）

註
① 年譜第八、真全三八・一六五
② 誦経導師作法参照（二一一頁）

二　準　備

曼荼羅供道場荘厳は二七五頁の図で知らるる如く、両部曼荼羅・本尊壇・八祖壇・祖師壇等厳重に荘厳し、大壇には壇敷①を用い、五瓶・四面器・五種鈴・五色仏供等を如法に安じ、五瓶には彩帛をかざり、脇机には仏布施名香等所定の如く準備し、又堂内適当の場所に新畳台を設けて阿闍梨の席を作り、諸衆の席へは席標を配する。

註　席標には大小種々あり。高野山学修灌頂には長さ一尺五寸、幅四寸五分、厚さ六分の板を用い、表に「――院」或は「――房」と書き、右肩に配役を記す。大阿闍梨には長さ二尺、幅五寸、厚さ八分のものを用い、表に「伝灯大阿闍梨前官――房」と記す。その形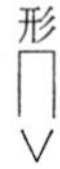の如く、これに準じて今の板を作る。

大壇の前に玉ノ幡②を立てる台を置くことを忘れてはならぬ。又道場正面入口左右に紗灯二個を掛け蠟燭を点ず。又堂正面縁の中央に地敷を置き、上に散花机を安じ、花籠を置き、甲覆の一角を正面に垂れるようにこれを被い、帯を掛けて結び、柄香炉一個座具一具を備える。花籠の数は散花頭人用と甲衆の数に応じ、中に六葉を入れて置く。別に承仕両人分の羽箒塵取を準備す。

庭儀、堂上の曼荼羅供には別に集会所を設く。諸衆集会して装束を着け法要出仕を待つ所である。多く庫裡・大広間、或は近くに在る別の堂・隣寺などを適宜これに宛てる。入口左右両側に張文を作って職衆の座席順位を示し、且つその順序に紙の座標を配す。伊予奉書を竪に二分し、更に横に八分すればよい。大阿闍梨の席に新畳台を置き、後に山水《せんずい》屏風を立て、前に十弟子の持物を適当に配す。阿闍梨十弟子を喚び堂前に至り立つこと、④陀羅尼集経第十二にあり、古来の厳儀となす。蓋し⑤釈尊の十大弟子、⑥宗祖の十大弟子に擬したのであろう。然らば本来は十人なるべきも、中古以来は六人若しは四人で勤め、近来は多く四人となす。一居・二香・三草・四座とて、一﨟は⑦居箱、二﨟は⑧香炉箱、三﨟は草座、四﨟は座具を持つ。

庭儀曼荼羅供には集会所より道場に到る庭に筵道を設け薦を敷く。大阿闍梨乗輿の時は中央の一行を略して左右二行になす。中門前に⑨幔幕を張り、外側⑩高机の上へ讃頭用鐃鈸一対、並に鐃打・法螺各一対を置く。但し此の幔幕は諸衆集会終って立座進行し、両讃頭先ず出でて伝い薦を通り、此の机に向って⑪作法をなし進行するに至れば、庭行事直にこれを撤す。

筵道外側適当の場所へ幄屋を設けるのが本儀である。幄屋或は幄舎と書す。幄は揚張《あげはり》といい幕を意味す。参列の人を入れる為に造る仮屋《かりや》である。今は諸天善神の擁護を仰ぐ場所としてこれを設ける。四本丸木黒塗りの柱を建て、上に山形に上木を置き、天幕様の屋根を設け、杭をもって留紐す。中に薦を敷き誦経机を置く。白木の高机にして、白布にて覆い上に誦経物を安置す。誦経物とは誦経に対する布施物の意であって、箱の中に納める。箱の幅一尺長さ一尺五寸高さ五寸五分、包紙は小奉書二十四枚を用う。幅は約四尺五寸、縦八尺、帯は小奉書を竪に十六枚継ぎ合せ、横に四つに折る。即幅二寸七・八分長さ二丈余、両端剣形に造りトンボ結びになす。別に三尺ばかりなる長さの帯を二つ作り、左右トンボ結びの端に加え両脇へ垂れ、両端は同じく剣形に造る。箱の中には奉書紙或は被物を入れる。被物とは布施用の絹の衣服をいう。幄屋の周囲は高さ二尺ばかりの馬酔木で垣を作り青竹で留め、正面入口三尺ばかりを開いて出入口となす。四尺ばかりの青竹を矢筈形に切り、諷誦文をその割れ目に指し入れ、誦経物の前に立て掛け置き、導師表白の頃にこれを取り寄せ、承仕は堂達役の人に渡す。堂達とは法会の道場に於いて、法会に関する要務を達成する役人の意である。
　庭の幡は八流若しは十流十二流等。庭の広狭に従う。幔幕は前の幔門以外、庭儀の際見通しになる場所、或は見苦しき物の見ゆる場所等を見計って張る。玉の幡は庭の讃机の両脇へ寄せ立て、持幡童の準備出来次第これを持たしめ、筵道の中の砂地へ背合せに立って立列を待たせる。その持ち方左方は右上、右方は左上にする。

註

① 牙形壇には比の外に壇引きを用う。
② 小野にはタマノハタ、広沢にはギョクバン。今はタマノハタと読む。
③ 対散花には柄香炉二個座具二つを要す。
④ 陀羅尼集経第十二文、大正一八・八九〇下
⑤ 舎利弗、目犍連、迦葉、須菩提、富楼那、迦旃延、阿那律、優婆離、羅睺羅、阿難
⑥ 真済、真雅、実恵、道雄、円明、真如、杲隣、泰範、智泉、忠延
⑦ 中に三衣を入る。
⑧ 如意柄香炉を入る。
⑨ 場所と張り方は京都・高野相違す。
⑩ 讃机という。小野は二脚仁和には一脚、今は一脚
⑪ 庭儀讃頭作法一〇一頁参照

⑫ 或は誦経導師
⑬ 堂達作法一一二頁

三　職衆装束と諸役人

一会の職衆を四分六に分ち、上席六分を衲衆とし、下席四分を甲衆に配す。甲衆は青甲の横被・袈裟・修多羅・青地草鞋を、衲衆は衲衣袍服に赤地金襴の草鞋を着用す。共に下袴・檜扇・半装束念珠を持参、外に衲衆は五股、甲衆は独股を持参す。一会を指揮する人を会奉行といい、又威儀師・従儀師という。本山では故実に精通した人という意味をもって故実者といい、又引頭師とも称す。二人共に襲精好袈裟・裳・藺草履・檜扇・半装束念珠を用意す。十弟子は袍服平袈裟・下袴・檜扇・半装束念珠、庭上では鼻高、堂内では藺草履着用。被物役一人、襲精好袈裟・裳・中啓。以上の諸役人共に羽二重帽子を用う。

鐃打・螺吹各二人は直綴糸草履。天蓋持を執蓋といい、裃着用。其の綱を執る人を執綱といい、二人共に布衣を着す。大阿闍梨の輿守四人は白丁に冠を戴く。金棒曳き二人は虎皮模様狩袴・茶色着袢に冠を着す。庭行事は裃、持幡童二人は稚児装束。

大阿闍梨伴僧は白素絹・紫紋白《もんじろ》・中啓・半装束念珠・羽二重帽子・藺草履を着用す。導師の衣体は任意なれど、多くは衲衣袍服・下袴・羽二重帽子・檜扇・皆水晶念珠・五股・草鞋を準備す。十弟子・伴僧は大阿の法縁の適当な人体を選ぶ。持幡童其他庭役人は適宜に定む。別に承仕あって諸衆の進退所作を助け、時々の要務に伏せしめる。

讃頭は甲衆の上臈、散花士は衲衆浅臈の役、唄士は一会の上臈、咒願して三宝の擁護を祈念する咒願士は二臈、経頭は行道衆中能音の人に配す。又浅臈に配することもある。上堂の庭讃と前後讃は正頭、堂達及び還列の讃は片頭の役となっている。若し磬打が別人である時は堂達の役を兼ねて勤む。その席は導師の右磬台の外側に設け、半畳を敷き磬を置く。

被物は被物役人これを配し、伴僧これを撤す。

註　職衆請定は別に聴くを要する。

四　庭儀大曼荼羅供法則

先ず職衆集会の鐘を聞きて集会所に入り、装束を着け、設けの席で上堂の鐘を待つ。持幡童・執綱等、庭役人各々装束を着けて中門前に立列す。

次大阿闍梨集会所に入る。

次列を催おす。諸衆浅臈前立列（順序左の如し）

金棒―引頭―片頭―甲衆―衲衆　玉幡　十弟子二・四
大阿　伴僧
金棒―引頭―正頭―甲衆―衲衆　玉幡　十弟子一・三

次大阿闍梨出堂乗輿（或無輿）

次①庭讃等常の如く

両故実者左右に分れ伝薦の上に立つ
次讃頭登階群立
次甲衆衲衆次での如く外縁東西に分れて群立す（甲衆東縁・衲衆西縁）
次大阿闍梨本堂階下に到って佇立（下乗）
次持幡童大阿闍梨の前に到り砂地の左右に分れ立つ。
次十弟子各持物並に玉幡等を堂内へ運びて退く。
次大阿闍梨正面より入堂、②礼盤の下に到り蹲踞して五股を左手に渡し檜扇を置き、右手に柄香炉を取って三礼、
畢って柄香炉を返し置き箱の内に入る。
次大阿闍梨登壇着座③
此の時十弟子執蓋執綱等退去、両故実者左右の薦より登階、縁より聴聞所へ入り扣へ居す。
次大阿闍梨五股④を左脇机の上に置く
次衲衆入堂、無言行道
大阿闍梨五股を置く音を聞いて衲衆浅臈前入堂、自身の左へ廻り後ろ三匝、了って着座す。
次大阿闍梨辧供了って念珠を脇机に置く。
次威儀を整え名香を捻すること三度等
次甲衆入堂
衲衆無言行道了って両三人着座の頃を見計って、揚鈸して上臈前に入堂す。

次導師柄香炉を取り総礼を示す
　甲衆一同着座の後、導師は柄香炉を少し高く差し上げ総礼を示す。
次職衆総礼⑤
次法要　金二打⑥
次唄士発音（云何唄、唄士作法本書一〇五頁已下参照）
次散花⑦（中段大日、行道あり。切り込み行道）
次対揚
次表白⑧
次唱礼（五悔）
次前讃⑨（四智梵語、心略梵語、不動梵語）
次理趣経⑩
次後讃⑪（四智漢語、心略漢語、仏讃、鈸数別に記す如し）
次至心廻向（懺悔随喜等）終って導師下礼盤
次誦経導師登壇⑫（法則別にあり、調経導師作法参照）
次還列
　註⑬　導師は供養法を修す。作法は別にある。上堂・還列は次図参照、諸衆の作法は披露文に就いて知れ。

註

① 庭儀讃頭作法一〇一頁参照。

② 大阿入堂には散花机を右（東）に廻る。

③ 着座のこと六六頁已下参照。

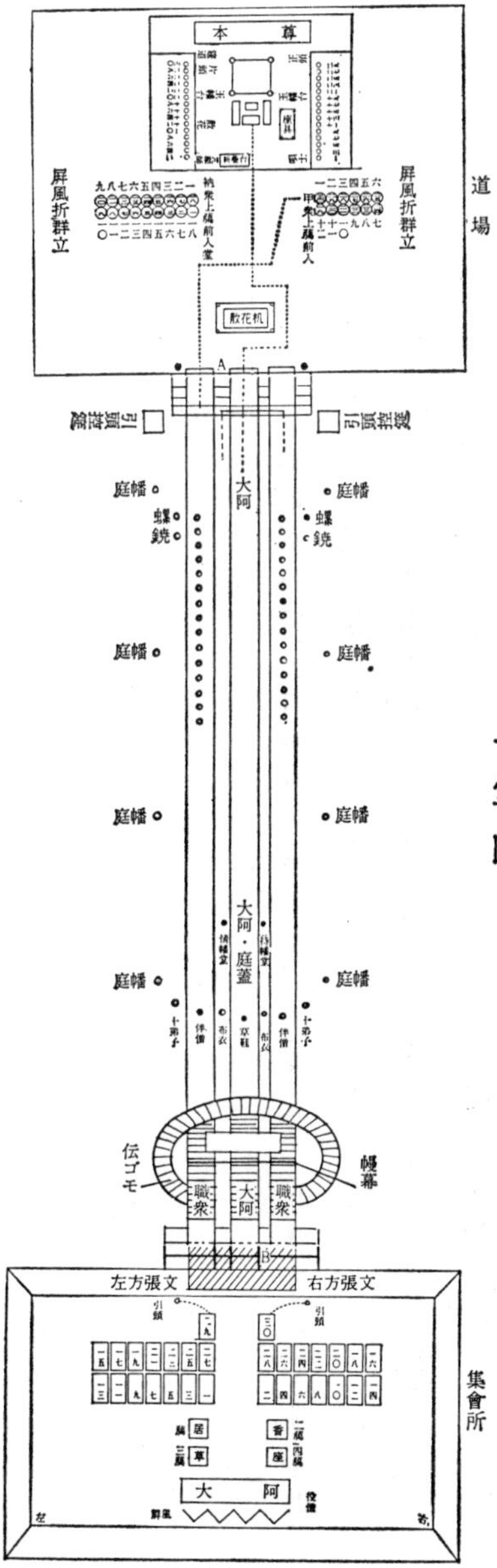

上堂図

④五股は少し音高く置く
⑤中礼三度、堂達無用
⑥堂達あればこれを打つ
⑦散花士作法一〇九頁
⑧誦経導師ある時は表白を略し、神分より始む
⑨平座讃頭作法一〇三頁
⑩理趣経、経頭作法一一七頁
⑪鈸数一〇四頁已下
⑫誦経導師作法一一一頁
⑬導師作法六八頁

五　還《かん》列《れつ》

筵道を設けることは大都上堂の時の如く、但し庭の讃机なく庭承仕鈸を渡す。執蓋・執綱等階下に立列、諸役人共に出仕の後、両故実者の指揮に任せて列を催おす。十弟子の一二﨟玉ノ幡を持幡童に与え、次に両引頭・讃頭並に諸衆二行に立列、浅﨟前に出堂、筵道に下り日蔭《ひかくし》の下に到るや、讃頭両人背合せに立ち、外に向って鈸①を執り、左の脇に挟んで金棒曳きを先導にして徐々に進む。次に大阿闍梨立座進行、十弟子各々物の具を持って随従、大阿筵道に移れば執蓋執綱等上堂の時の如く相従う。かくて一同共に筵道立列の後、頃を見計って対向、片頭庭の讃発音、鈸等上堂の時の如く、終って少揖して次第に進行。両讃頭中門前筵道の際に到り立ち留まり、揚

還列図
筵道

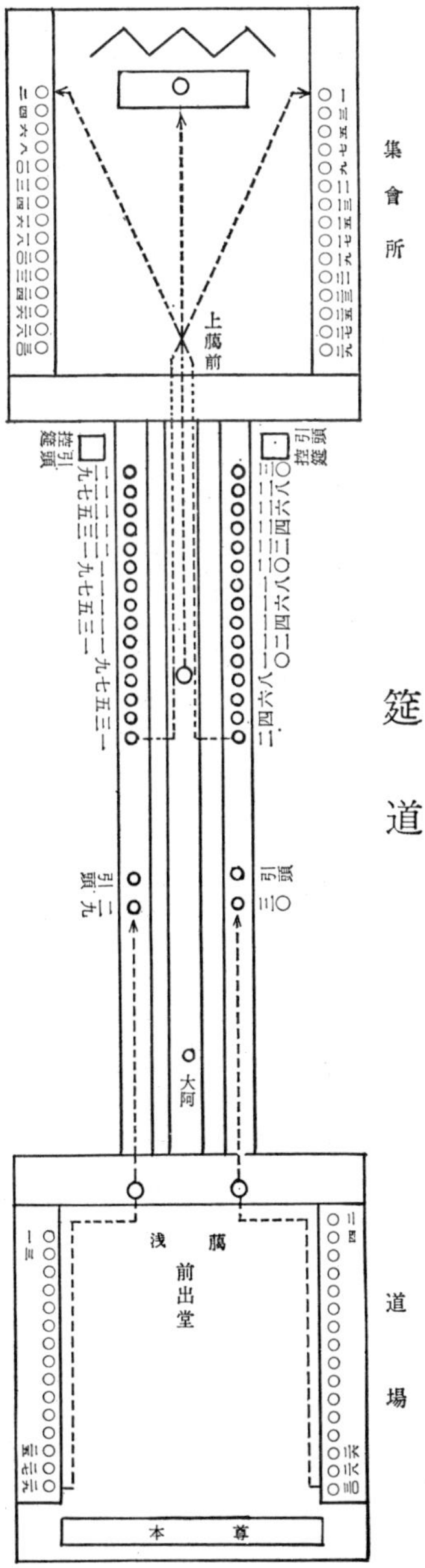

鈸一・一・一を突き、鈸を鈸持に渡す。両故実者は日蔭の下伝薦に移り、持幡童・大阿闍梨・十弟子等は職衆の中を通り、持幡童は日蔭の下に佇立、大阿闍梨十弟子は中に入り、次いで職衆上臈より順次中の薦を通って入る。最後に両故実者入り、一同へ挨拶し終って退散す。

注

① 庭儀讃頭作法三五九頁

六　披　露　文

披露文或は披露株という。一会諸徳に示すものなる故、言語は頗る丁重なるを要し、その文は諸衆の心得と法会の順序を示すものなる故、最も簡明なるべく、諸衆は特に注意して傾聴しなければならぬ。

御披露申シマス。

一、今般ノ庭儀大曼荼羅供ハ中院流引方（若シハ心方）ニテ修行仕リマス。尤モ経立ニテ勤メマス。

一、集会所ノ席ハ大阿様ノ左方ヲ以テ上﨟ト致シマス。

一、執綱ハ布衣《はい》ニテ相勤メサセマス。

一、職衆ノ御方ハ右ニ檜扇左ニ持金剛念珠ヲ御持チナサレマセ。（心方ノ時ハ右ニ念珠持金剛左ニ檜扇）

一、庭ハ三（或は大阿乗輿ノ時、二）枚薦ヲ引カセマス。

一、列ヲ催《ト》シマスレバ先ズ讃頭、次ニ甲衆・衲衆、何レモ浅﨟前ニ左右互ニ見合セ厳重ニ立列集会所ヲ出堂ナサレマセ。

一、大阿様御立座、次ニ十弟子大阿様ニ随ッテ進行ナサレマセ。尤モ庭儀ノ間ハ鼻高着用ニテ筵道ノ外ノ砂地《しやち》ヲ通行ナサレマセ。

一、讃頭ノ御方ハ職衆筵道進行ノ時一同ノ対向ヲ見テ讃発音ナサレマセ。尤モ鈸ハ先規モ御座イマスレドモ、近例ニ任セ一讃ヲ唱エテ三段ノ鈸ヲ御突キナサレマセ。
（尤モ雨天ノ節ハ「讃頭ノ御意楽ニテ鈸ヲオ引キ上ゲナサレマセ」ト披露ス）
一、職衆ノ登階ハ先ズ階下ニテ正頭片頭合セ鈸ノ上、正頭ノ御方登階、次ニ正頭片頭合セ鈸ノ上片頭ノ御方登階、次ニ正頭片頭合セ鈸ノ上甲衆ヨリ浅臈前ニ右左右左ト一段ゴトニ足ヲ踏ミ揃エテ登階ナサレマセ。尤モ甲衆ハ東①ノ縁衲衆ハ西ノ縁ニ屏風折ニ群立ナサレマセ。
（堂達別人ノ役ナル時ハ「堂達ノ御方ハ群立セズ直ニ入堂設ケノ磬台ノ下ニ着座ナサレマセ」）
一、大阿様階下ニ佇立ナサレマス時、十弟子ノ御方ハ持幡童ノ外ヲ経テ階下ニテ鼻高ヲ脱ギ、藺草履ヲ着用シ、縫ウテ（心方ハ縫ワズ）登階、各々持物ヲ其処ニ置キ、三四臈ハ直ニ裏堂へ引キ取リ、一二臈ハ立チ帰リ玉ノ幡ヲ受ケ取リ大壇ノ脇ニ立テ置キ、裏堂へ御引キ取リナサレマセ。
一、伴僧ノ御方ハ大阿様登壇御着座マデ随従ナサレ、草鞋御袈裟等御直シノ上直ニ裏堂へ御引キ取リナサレマセ。
一、大阿様御登壇ノ後五②股ヲ脇机ニ御置キナサレマスヲ見テ衲衆ノ御方浅臈前ニ扇ヲ懐中シ、横被ノ下ニ合掌シテ無言行道ナサレマセ。尤モ後ロ三匝ニナサレマセ。
一、衲衆ノ御方二三名着座ナサレマスヲ見テ、讃頭ノ御方鈸ヲ突キ揚ゲ上臈前ニ入堂、直ニ着座ナサレマセ。
（螺吹鐃打退去）
一、職衆着座ノ上、大阿様柄香呂ヲ高ク御揚ゲナサレマスヲ見テ諸衆惣礼ナサレマセ。
一、散花師ヘハ近来便宜ニ任セ、先ズ座具次ニ柄香呂ヲ御渡シ申シマス。

一、散花行道並ニ中曲行道ハ切リ込ミ行道ニナサレマセ。
一、中曲行道ハ初段三匝合殺三匝ニナサレマセ。中曲勧請ノ入句ハ「弘法大師増法楽」（本尊界会増法楽或ハ過去聖（尊）霊成正覚）ト御唱エナサレマセ。
一、作法終リ大阿様下礼盤、新畳台へ御着座ノ後、誦経導師起座ナサレマセ。
尤モ大阿様新畳台へ御着座ノ節、十弟子一、二臈ハ居箱・香炉箱持参、大阿様ノ前ニ置カレマセ。御伴僧ハ草鞋御直シナサレマセ。ソレヨリ被物ヲ（ド）引カセマス。
一、誦経表白景気ノ句（観レバ夫レ）ヲ聞キテ堂達起座、諷誦文ヲ導師ニ相渡シ、夫レヨリ縁ニ出デ鐘ヲ御催シナサレマセ。（堂達別役ノ時ハ「起座」ノ二字ヲ除ク）
一、仏名ノ時被物ヲ引カセマス。
一、仏名ノ時堂達起座、導師ヨリ諷誦文ヲ受ケ取リ、呪願ヲ乞ウテ後導師ノ後ロニ立チ微音ニ読ミ、巻キ乍ラ帰路着座ナサレマセ。
一、誦経導師下礼盤着座ノ後還列ヲ催シマス。
一、還列ノ式ハ大都上堂ノ時ノ如ク、尤モ長座ニモナリマスコトナレバ、讃頭ノ御方ハ一讃ヲ唱エテ一段ノ鈸三十ヲ御突キナサレマセ。
一、職衆中門前ニ行キナリニ立チ止マリ、讃頭揚鈸ノ後、大阿様職衆ノ中ヲ通リ内ニ御入リ、次ニ十弟子並ニ持幡童同ジク大阿様ニ従イ、筵道ノ外ヲ通リ内ニ御入リナサレマセ。
次ニ衲衆ノ御方上臈ヨリ次第ニ御入リナサレマセ。

一、標板ハ其ノ儘ニ御置キナサレマセ。

註

① 東・西は南向の堂を標準となす

② 五股を少し音高く置く

第六章　結縁灌頂法会

一　概　説

曼荼羅に結縁する為め此の法会を執行し、道俗を選ばず入壇せしめる。灌頂とは曼荼羅の中なる諸仏五智の瓶水を行者の頭頂に灌ぎ、有漏の穢身をそのままに無漏の実身たらしめるに名づく。インド・中国・日本を通じ密教最奥の法儀である。雨天でない限り庭儀を行う。

集会所は大約曼荼羅供に同じい。但し乞戒師並に小灌頂師の役あり。①別図の如き位置に向い合せに席を設け、十弟子は各々準備してその席に着く。一・②戒体箱、二・居箱、三・香炉箱、四・草座の順である。

庭儀は曼荼羅供に同じく、三昧耶戒場正面縁に散花机を置くことも亦同じい。

三昧耶戒壇の準備は図の如く、前机には③前垂れを掛け、その中央へ図の如く奉書紙を三角に折って敷き、上へ五股鈴を安置す。右脇机折敷の中へ片供の閼伽器・塗香器・花鬘器を常の如く用意し、復火舎と大阿用塗香とを置く。何れも土器である。伝灯の覆、中院流は金属製にして円形中央に[illegible]字を表わしたものを用う。左脇机灑水器には花垸なく、別に名香包と含香包を置く。高座には座具を敷き、天蓋を懸ける。

乞戒師の礼盤前に前机を準備す。

職衆の席は図の如く、各座席へ席標を差す。着座の時此の席標の上へ扇を置き向き直って坐す。

大阿闍梨新畳台の後へ甲或は乙の十二天屛風を立つ。④
諸衆の動作は披露文の如く、両引頭の進退は曼荼羅供に準ず。

註
① 別図六〇頁参照
② 受者用金剛線歯木を入る。
③ 打敷の小形なるもの
④ 甲乙、諸流の習がある。

二 法 要

庭儀は大凡そ曼荼羅供に同じい。
先唄（云何唄）
次散花（中段大日）
次対揚　入句　四方四仏　証誠説戒・護持受者　悉地円満・仏性無漏　三昧耶戒
次乞戒師大衆を率いて懺悔す
文曰、慚愧懺悔自他所犯
次第七請戒等
（大阿闍梨並に乞戒師作法は別に習う）

三　披　露　文

御披露申シマス。

一、今般ノ庭儀結縁灌頂ハ胎蔵界（或ハ金剛界）中院流引方（又ハ心方）ニテ執行仕リマス。

一、集会所ノ席ハ大阿様ノ左方ヲ上﨟ト致シマス。

一、執綱ハ布衣ニテ相勤メサセマス。

一、職衆ノ御方右ノ手ニ檜扇、左ノ手ニ持金剛念珠ヲ御持チナサレマセ。

（心方ノ時ハ右ニ持金剛念珠、左ニ檜扇）

一、列ヲ《（ト）》催シマシタラ先ズ讃頭、次ニ甲衆衲衆ト浅﨟前ニ左右互ニ相見合セ、厳重ニ立列集会所ヲ出堂ナサレマセ。

一、乞戒ノ御方庭儀ノ間ハ鼻高着用ニテ持幡童ノ前ノ従僧召シ連レ列参ナサレマセ。

一、次ニ大阿様御乗輿（若シ草鞋御召シノ上御徒歩ノ時ハ、三枚薦ヲ敷カス事ヲ披露ス）次ニ十弟子ノ御方庭儀ノ間ニ鼻高着用ノ上筵道ノ外ノ砂地ヲ通行シ、堂内ハ藺草履着用ニテ列参ナサレマセ。

一、小灌頂ノ御方ハ十弟子ノ次ヘ庭儀ノ間ハ鼻高着用、従僧召シ連レ列参ナサレマセ。

一、讃頭ノ御方職衆筵道ニ立列対向ノ時、讃発音ナサレマセ。庭讃ノ鈸ニ就キマシテハ先規モ御庭リマスレドモ、近例ニ任セテ一讃ヲ唱エテ三段ノ鈸ヲ御突キナサレマセ。

（尤モ雨天ノ節ハ讃頭ノ御意楽ニテ鈸ヲ御引キ揚ゲナサレマセ）

一、讃頭ノ御方金堂階下ニテ合セ鈸ノ上正頭ノ御方登階、次ニ正頭片頭合セ鈸ノ上片頭ノ御方登階、正頭片頭合セ鈸ノ上甲衆ヨリ浅臈前ニ右左右左ト一段ゴトニ足ヲ踏ミ揃エテ登階、尤モ甲衆ハ東ノ縁、衲衆ハ西ノ縁ニ屏風折リニ群立ナサレマセ。

一、職衆登階ノ次ニ乞戒ノ御方草鞋着用登階、散花机ノ東ヲ経テ直ニ入堂、正面東ノ柱ノ内設ケノ席へ立列ナサレマセ。

一、乞戒師ノ従僧ハ師ニ従ツテ登階入堂、前机ノ上ニ香呂箱ヲ置キ裏堂へ御引キ取リナサレマセ。

一、大阿様階下ニ到リ佇立ナサレマス時、十弟子ノ御方持幡童ノ外ヲ経テ階下ニテ鼻高ヲ脱ギ藺草履ヲ着用縫ウテ登階シ、各ノ持物ヲ(ト)戒壇ニ置キ、三・四臈ハ直ニ裏堂へ御引キ取リナサレ、一・二臈ノ御方ハ更ニ階下ニ到リ玉ノ幡ヲ受ケ取リ戒場ニ置キ裏堂へ御引キ取リナサレマセ。（心方ニハ縫ワズ登階ス）

一、次ニ大阿様御登階伴僧ノ御方戒壇マデ御付キ添イナサレ、草鞋オ直シノ上御引キ取リナサレマセ。

一、小灌頂ノ御方ハ大阿様ニ引キ続キ草鞋着用御登階、散花机ノ西ヲ経テ直ニ入堂、正面西ノ半畳ノ上ニ御立チナサレ、大阿様ノ御着座ヲ見テ着座ナサレマセ。

一、小灌頂師従僧ノ御方ハ、師ニ従イ登階、香呂箱ヲ師ノ前ニ置キ裏堂へ御引キ取リナサレマセ。

一、大阿様ノ登壇御着座ナサレマスヲ見テ、乞戒師ノ御方礼盤ノ前ニ進ミ寄リテ御立チナサレマセ。

一、大阿様登壇御着座、①五股ヲ置カレマスト衲衆ノ御方浅臈前ニ扇ヲ懐中シテ入堂、無言行道ナサレマセ。尤モ後ロ三匝ニナサレマセ。

一、衲衆一両人着座スルヲ見テ、乞戒師ノ御方登壇着座ナサレマセ。

一、讃頭ノ御方衲衆両三人着座相成リマシタラ、鈸ヲ突キ揚ゲ上臈前ニ入堂着座ナサレマセ。

一、職衆着座ノ後、乞戒師香呂ヲ揚ゲラレマスヲ見テ諸衆総礼ナサレマセ。

結縁灌頂三昧耶戒集會所

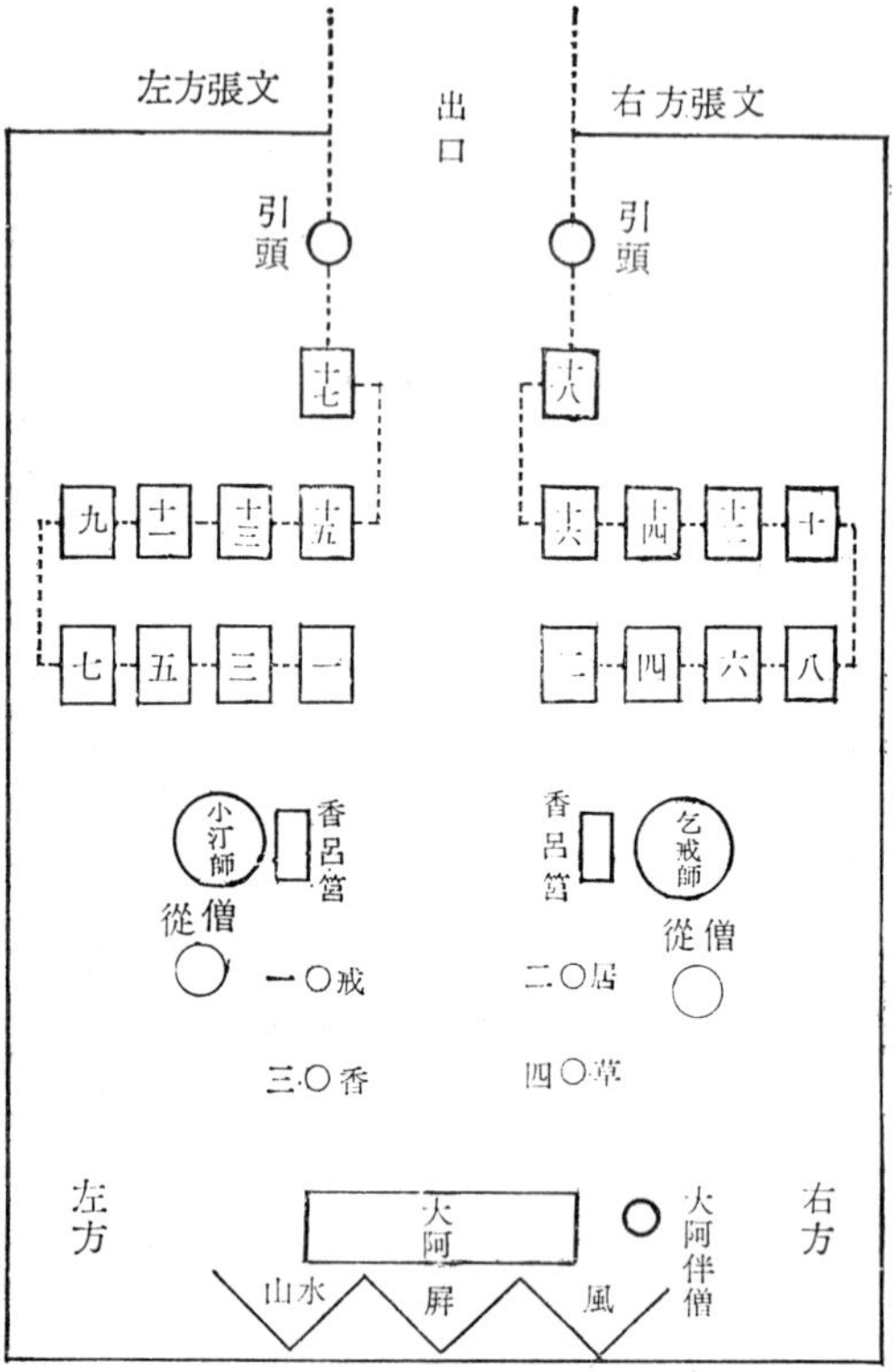

一、乞戒師ノ法用ノ金ヲ聞キテ唄発音ナサレマセ。

一、散花師ノ御方近来便宜ニ任セ、先ズ座具次ニ柄香呂ヲ相渡シマス。

一、大阿様懐宝声明御唱エノ節ハ一句一句ヲ聞キテ助音ナサレマセ。

一、大阿様新畳台へ御着座ノ節、十弟子二三臈ハ居箱香呂箱ヲ持参、大阿様ノ前ニ置カレマセ。伴僧ノ御方ハ草鞋ヲ御直シナサレマセ。

一、大阿様新畳台へ御着座ノ後、職衆ノ御方浅臈前ニ金堂

結縁灌頂三昧耶戒道場図

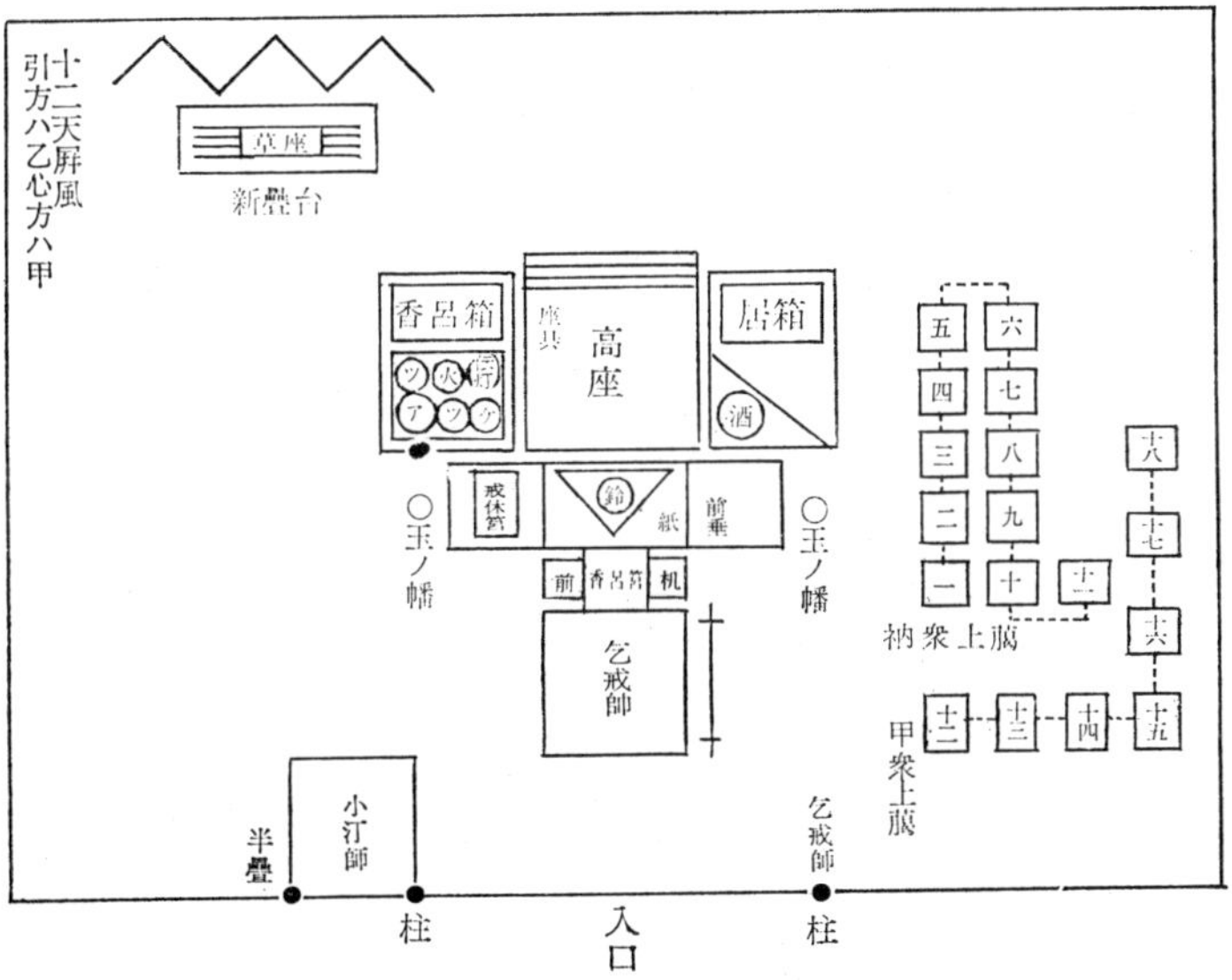

東ノ横ロヨリ出堂御退席ナサレマセ。尤モ標板ハソノ儘ニ御置キナサレマセ。
猶内会所ハーーーデアリマス。

以上

註

① 五股、少し音高く置く。

四　内道場設備

胎蔵界金剛は十干により、ヱ、胎ト、金と定め、或は春秋二季に配して春胎秋金とすること古来の例である。

開白の時の胎蔵界壇は第一図の如く、大凡そ伝法灌頂手鏡に準ず。

大壇には壇敷①あり、上に三形敷曼荼羅を胎上金下に東西に打ち違えて敷く。両壇を設ける時は胎金を東西に分ち、金剛界壇の時は胎を下にする。五瓶②五色③仏供は図の如く、輪宝

結縁灌頂

内道場壇図第一開白の時

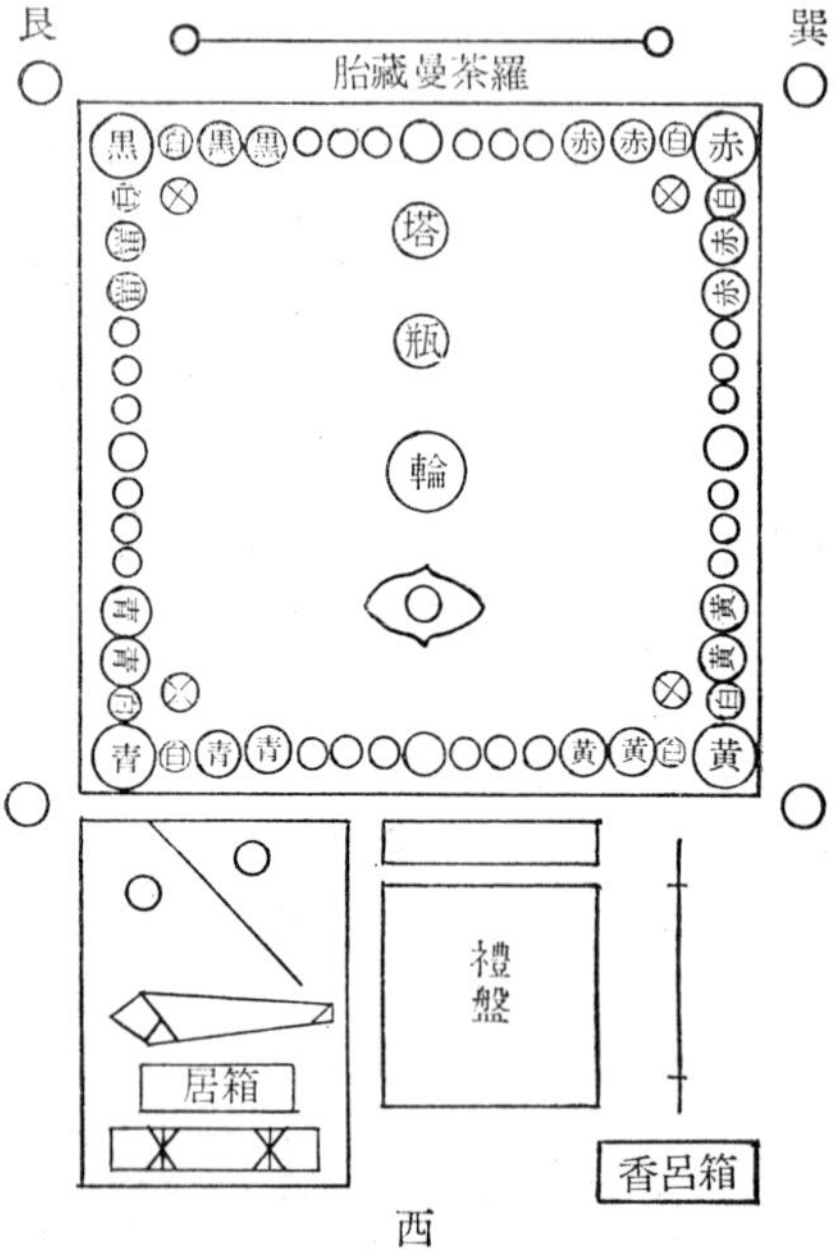

は無量寿と般若との間、瓶は大日と宝幢との間、塔は瓶の後へ安ず。

金胎別壇なる時は金剛界壇の五瓶は白青黄赤黒の順序に並べる。

引入の時は第二図の如く礼盤脇机磬台等を他所へ移し（前机・脇机・礼盤は正覚壇用となす）五瓶は花を図の如く残して正覚壇へ移す。

内陣へ正覚壇を設ける、即大阿の礼盤の前、机の上には灯明、火舎、塗香、五瓶水、宝鏡、宝冠を準備し、受者の座には蓮華座を置く。

投花所には投花と投花包とを準備し、引入口には香象を置く。

結縁灯
内道場壇図第二
引入ノ時

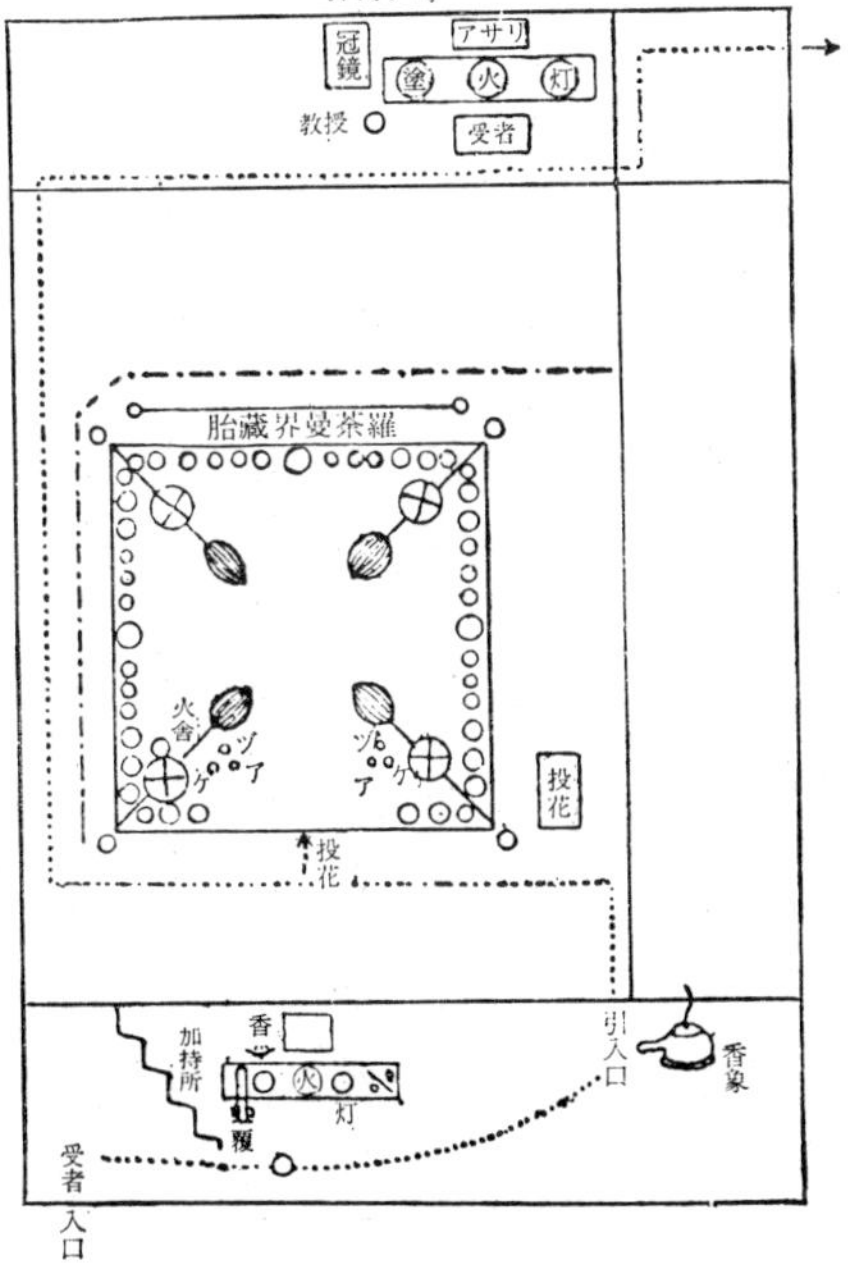

金剛界は壇を西向きにし、五瓶の置き方は異る。香象は反対に向う。其他伝法灌頂手鏡に準じ道場の広狭により適当に処置す。

八祖壇には六器、飯食、瓶花（時花、樒等）仏布施を祭る。

外陣へ加持所を設け、机の上へ灑水、塗香、火舎、含香、覆面を準備す。但し覆面は胎は赤、金は白のこと。

註

① 曼供の時に同じ。

② 引方の時は巽、心方の時は艮に始むる例なり

③ 胎角金方なること曼供壇に同じ

第七章　土砂加持法会

一　概　説

土砂を加持する法要にして、不空羂索経第二十八灌頂真言成就品に由来す。[1]文に曰く

[2]是の真言をもって土砂を加持すること一百八遍し、亡者の屍骸上のに散じ、或は墓の上・塔の上に散ずるに、その亡者地獄餓鬼若しは修羅等の中に在りとも、大灌頂光真言加持土砂の功力によって光明を得、諸の罪報を除き、受くる所の苦身を捨て、西方極楽国に往き、蓮華に生じ、乃至菩提を成ず（取意）

と、本朝比叡山横川《よかわ》[3]首楞厳院二十五三昧起請文に、恵心僧都が光明真言一百八遍を誦じて土砂を加持し、亡者の骸に置くべきことを記され、後に栂尾山明恵上人（一一七三—一二三二）が光明真言加持土砂義一巻、土砂勧進記二巻、同別記一巻、光明真言句義釈一巻などを著述して、その意義を鮮明されてより以来特に此の信仰は広く行われるようになった。滅罪生善・先亡得脱の為めに修する。[4]三界二十五有を度脱させる為めに二十五口の職衆を啒請し、六道の群類抜苦与楽の為めに六座の法会を営むの習いあれど、一座にて勤修する場合が多い。職衆の人数も時に応じて加減す。

六座の時、本山の宝門と寿門と供養法が一定しない。宝門は光明真言法を用い、金剛界のみで行じ、寿門は理趣法を依用し、金・胎・金・胎・金・金の順序に修行す。且つ六座は一日中に相続して厳修するのであるけれど

若し三日或は六日に亘って修行せば、各座ともに唱礼は長音、経は中曲に唱えることがある。唱礼の長音というは、魚山私鈔に示す通りの譜士を唱えることであって、短音というは地音を棒読みにするをいう。

衣体は便宜に任せるも、余り雑乱して不体裁にならぬよう注意しなければならぬ。

二十五口の配役は次の如くなる。

導師開結一人	一　﨟
唄士	二　﨟
舎礼	三　﨟
第二座乃至第五座供養法師	四　﨟乃至七﨟
光明真言	八　﨟
第二座乃至第五座経頭	九　﨟乃至十二﨟
過去帳	十三﨟
前後讃	十四﨟
散対	十五﨟
初座乃至第五座中間讃	十六﨟乃至二十﨟
光明真言伽陀	二十一﨟
初座経頭	二十二﨟
第六座経頭	二十三﨟

土砂進退　二十四・五﨟

但し六座を分修し、経をすべて中曲にする時は六座とも浅﨟の人経頭を勤める。一座土砂加持の時も二十五口をもって修し、その配役は今に準じて決定す。集会所の張文や請定に就いては別に聴くを要する。

註

① 大正二〇・三八五下
② 光明真言のこと
③ 恵心僧都全集一・三四一、同三五〇参照
④ 三界二十五有
欲界十四有、四悪趣、四州、六欲天
色界七有、四禅天と初禅中の大梵、第四禅中の浄居、無想天を別に数える。
無色界四有、四空所天

二　職衆の所作

庭儀を営む時は、集会の鐘を聞いて集会所へ出仕し、装束を着け、設けの席で上堂の鐘を待つこと曼荼羅供に同じい。次に一同立列。

入堂着座終れば、承仕は直に上﨟より順に土砂を配す。正しくは二十五口、職衆の中浅﨟二人の役である。近来は便宜の為め予め着席の順に土砂を配して置く。土砂は折敷用の盆に半紙を敷いてその上に少量を盛り、紙を左・右と三分一宛折り重ね、上に樒の葉一枚を添えて置く。諸衆はこれを受けて披露文の順に樒の葉で加持作法

をなし、終れば上臈より順次これを撤し、土砂を土砂器に入れ、大壇の上に安置して器の蓋を取る。

頃を見計って上臈「総礼」を催おし、一同中礼三度、畢って総礼伽陀（踞跪）発音、伽陀の第二・三句の頃導師登壇、金二打を聞いて唄士発音、云何唄を唱う。唄第二句の終りに花籠を配り、対揚終ればこれを撤し、花を羽箒①で掃き集め、穢れのない塵取りで取り去る。若し導師の諷誦文あれば、承仕対揚の初め頃に磬台の方より導師へ渡す。散花第二段は大日、対揚は法則の通りである。

唱礼②の終り五大願の初頃に前讃の鈸を出す。前讃は四智梵・心略梵・不動漢語讃③。中曲行道は経頭師前讃第三段の鈸の頃に起座し、導師の後辺に起立、普供養の金を聞いて発音す。

第一座より第五座までは、各座の行法の終る頃を見計い、承仕は手早く香花を仕直し、飯食を取り替え、且つ中間の讃の鈸を進退しなければならぬ。第六座中曲合殺行道終って着座すれば、承仕は直に過去帳を出し、続いて後讃の鈸を出す。

過去帳師は先ずその座に在って、過去名簿を承仕より受け取り、上包みを除いて座の右方へ置き、中の名簿を懐に差し入れ、右手に扇左手に念珠を持ち、導師結願作法の終り金剛手菩薩の金④を聞いて起座、恭しく導師の後に進み一揖して磬台の方へ寄り立ち、念珠を左の袖に納め、扇を高らかに胸に指し入れ、その便りに過去名簿を取り出し、両手に持ち開いて指し声に読む。終って右の端を左肩に打ち懸け、その手を下し、両手で終より巻き直し、巻き終れば前の如く懐に差し入れ、その便りに扇を出し、念珠を持ち、一揖して本座に還る。それを見て承仕は過去帳を撤す。承仕の進退は堂達⑤作法に準ず。尤も過去帳は有無一定しない。

後讃は四智漢・心略漢・光明真言秘讃の三段であって⑥（鈸の数別記の如し）了れば鈸を撤す。懺悔随喜の句は袈裟の下或は衣の袖の中に合掌して唱える。

次に光明真言三匝音曲行道、押し廻わし座行道にする。初重二遍・二重二遍・三重一遍・二重一遍、初重一遍都合七遍、次第に誦ずること法則の通りである。

舎利礼は披露文の如く、「万徳円満」にて立ち、寿門方は「我等礼敬」、宝門方は「入我々入」にて居する習なれど、一同の所作を見て動作を合すことが肝要である。此間蹲踞す。初重二遍・二重二遍・三重一遍・二重一遍・初重一遍都合七遍唱う。

註

① 羽箒を此処に用うること本山近来の習とす
② 金剛界法には五悔、胎蔵法には九方便
③ 或は常の梵語讃に駄都の讃を唱う。その時は鈸を胸の前に合せ持ち、頭人だけこれを唱え、終って二十四突く
④ 一座の時は理趣経畢りて起座す
⑤ 堂達作法一一二頁已下
⑥ 鈸の数一〇四頁已下

三、導師作法

導師は右手に扇、左手に念珠を持ち、総礼伽陀二・三句の間に起座し、静かに礼盤の前に進み、蹲踞して扇を磬台と礼盤との間に置き、その便りに撞木を執って磬台奥の柱にもたせかけ、左手に礼盤を押え、右手に香炉を

取り、左手を添えて中礼三度、次に蹲踞し左手礼盤を押え、右手で柄香炉を左脇机に置き、立ち上って左脇机の側に横に草鞋を脱ぎ、右膝より躙り上りに着座す。かくて前方便常の如く、法用の金二打、唄士発音、法要の間に前方便乃至開眼作法等を行じ、対揚終って金二打、表白に譜士を付けて読む。若し諷誦文あれば表白終って均等に金三打、香炉を置き微音に読む。読み終れば巻いて香炉に持ち添え金一打、発願・四弘等、仏名の時香炉を置いて如意を取り、諷誦文を持ち添え、仏名の終りに金剛盤の右に置き、猶如意を持ち教化を唱え、教化の終り廻向大菩提の句を除いて神分に移る。金剛手菩薩名の金を一打して唱礼発音。

経の初段荘厳清浄の句の頃に閼伽を供じ、味清浄の句に振鈴、後鈴は合殺の時に振る。若し一座法平座の時は理趣経の終り廻向の初句に振り始め、同一性故入阿字で振り収め、中曲の時は護持の句にて振り始め、終りの句で振り納める習いである。普供養・三力・小祈願・礼仏は皆微音に読み、廻向を除いて解界撥遣等、次座の香花を辧ずるを見て金一打、下礼盤、一礼して撞木を掛け、礼盤の前磬台の方より脇机の方に向って蹲踞し、柄香炉の柄を向うへ廻わし、次座の供養法師へ渡し、一揖して両人同時に立ち上る。但し下礼盤は中間の讃の初段の終り頃となす。若しその時次座の供養法師来ること遅ければ、柄香炉を礼盤の上に斜に置いて帰座す。一同休息する時もこれに同じい。

導師下礼盤の後、光明真言行道には他の職衆と共に行道す。若し下礼盤が遅れて既に行道が始まって居れば、傍に立ち自席を考えて列に入り行道す。正面衆の行道なき時は、光明真言行道の終るを待って下礼盤す。

第六座の時は第五座供養法師下礼盤の様子を見て導師起座、礼盤の前に到り、前の如く香炉を受け取り一礼して登壇、前方便の後に表白神分を除き、第五座の光言終るを待って香炉を取り金一打、直に唱礼を出す。振鈴等常の如く、中曲の終りまでに後供養の閼伽を行じ、経終れば香炉を取って金二打、結願の詞並に神分を譜士付に読む。後供養閼伽の前に仏布施作法をなし金剛盤の左脇に置く。

次に過現名簿の金を打ち、過去帳終って後鈴等常の如く、下座懺悔随喜を称うる間に解界撥遣等、「帰命頂礼大」の「大」にて金一打①、下礼盤、三礼して撞木を掛け、珠扇を持って本座へ帰る。

晴の儀式には廻向伽陀まで下礼盤せず、「皆共」の頃金一打して下礼盤、称名礼の時柄香炉を持ち諸衆と共に起居す。

註

① 醍醐には終りの仏にて打つ。

四　披　露　文

御披露申シマス。

一、今般ノ六座土砂加持法会ハ中院流経立ニテ修行仕リマス。

一、集会所ノ席ハ御導師様ノ左方ヲ上臈ト致シマス。

一、上堂進行ハ浅臈前切込一行ニ列参、尤モ入堂ノ砌リ正面ニテ一揖、左右ニ分レ各々ノ座坪ニ立チ左右見合セ一同々時ニ着座ナサレマセ。

一、諸衆着座先ズ護身法、七種秘印明等結誦ノ上、光明真言一百八遍誦ジ、樒ノ葉ヲ以テ盆ノ土砂ヲ攪キ乍ラ加持ナサレマセ。

（法則ニ云、土砂ヲ加持シ次ニ七種ノ秘印等結誦スト）

一、諸衆起居三礼ノ後諸衆ハ平座、伽陀師ノ御方ハ踞跪シテ総礼伽陀発音ナサレマセ。

一、伽陀ノ二三句ノ頃ヨリ御導師登壇、伽陀終ッテ法用ノ金二打御チナサレマスヲ聞イテ、唄士ノ御方扇ヲ立テ云何唄発音ナサレマセ。尤モ二句目終リ扇ヲ御置キナサレマス音ヲ聞イテ花籠ヲ配ラセマス。花籠ヲ配リマシタナラバ後ノ句ヲ御引キナサレマセ。

一、散花師ノ御方ハ花籠ヲ受ケ取リ、作法シテ直ニ立座、唄ノ終リマスヲ待ッテ頭発音ナサレマセ。尤モ中段ハ大日、対揚ハ頭人ノ御方ノミ蹲踞シテ起居ナサレマセ。

一、御導師供養法ハ宝門ハ光明真言法、寿門ハ理趣法ヲ依用。宝門ハ金剛界ノミ、寿門ハ金胎金胎金金ノ順序ニ修行スル古例ナルモ今回ハ寿門ノ式ニナサレマセ。

一、唱礼ハ長音ニ御唱エナサレマセ。

一、前讃ハ四智梵、心略梵、不動漢語讃ヲ御唱エナサレマセ。尤モ駄都讃御唱エノ節ハ第三段ニ不動梵語ヲ唱エテ鈸ヲ突カズ、胸ノ前ニ持チ駄都讃ヲ独唱シテ鈸ヲ御突キナサレマセ。

一、次ニ経頭ノ御方第三段ノ鈸ヲ聞イテ起座、御導師ノ後辺ニ立チ普供養ノ金ヨリ発音、初座ノ時ハ勧請第五句ニ「弘法大師増法楽（法会ニヨリ入句ヲ変更ス）」ノ句ヲ御入レナサレ、合殺ニテ終リ、廻向ノ句ハ御止メナサレマセ。合殺行道ハ三匝ニナサレマセ。

一、中間ノ讃ノ鈸ハ一段三十宛御突キナサレマセ。

一、中間ノ讃ノ鈸ヲ撤スルヲ見テ光明真言ノ頭ヲ発音ナサレマセ。行道ハ真言初重二返、二重二返、三重一返、二重一返、初重一返合セテ七返、行道三匝ナサレマセ。

一、供養法師初座ヨリ第五座マデハ普供養礼仏ヲ微音ニ唱エ、廻向ノ句ヲ御止メナサレマセ。下礼盤ノ節柄香呂ヲ取リ一礼シテ次ノ供養法師ヘ柄香呂ヲ御渡シナサレマセ。若シ次ノ供養法師相遅レマス時ハ柄香呂ヲ筋違イニシテ礼盤ノ上ニ置キ帰座ナサレマセ。

一、第二座以下供養法師ハ各々一礼シテ登壇、下礼モ同ジク一礼ナサレマセ。登壇ノ後神分ヲ止メ、光明真言ノ終リヲ聞キ金一打、唱礼発音。助音ハ短音ニナサレマセ。

（三日或ハ六日ニ亘リテ修スル時ハ長音ニ唱ウルコトアリ）

一、次ニ経頭ノ御方第二座以下ハ切音ニテ勧請廻向ノ句ヲ除キ直ニ経題「大楽金剛」ヨリ始メ合殺ニ終ルヨウ御唱エナサレマセ。（尤モ三日若シクハ六日ニ修スル時ハ各座トモ中曲。）

一、第二座以下中間讃ハ法則ノ如ク鈸ハ三十ヲ御突キナサレマセ。

一、光明真言ハ初重二返、二重二返、初重一返、合セテ五返居乍ラ御唱エナサレマセ。

一、第六座ノ時、経頭ノ御方ハ経題ヨリ始メ合殺ノ後ニ廻向ノ文、入句ナシニ御唱エナサレマセ。

一、次ニ過去帳ノ御方結願作法ノ終リ金剛手菩薩ノ金ヲ聞イテ起座、御導師ノ後ロニ立チ御読ミナサレマセ。御導師ハ過去帳ノ金ヲ御打チナサレマセ。

一、過去帳終リ後鈴ヲ聞イテ後讃発音。鈸ハ初段十二、中段三十、後段三十九御突キナサレマセ。

一、次ニ光明真言七返音曲行道初座ノ如クナサレマセ。

一、次ニ各々ノ席ニ蹲踞シテ舎利礼、初重二返、二重二返、三重一返、二重一返、初重一返各々起居ナサレマセ。

一、次ニ踞跪シテ光明真言伽陀、廻向伽陀、唱名礼御唱エナサレマセ。尤モ唱名礼ノ第二句ヨリ蹲踞ナサレマセ。

一、唱名礼ノ後護身法等終ッテ上﨟前ニ出堂ナサレマセ。

第八章　常楽会

一　概説

常楽は涅槃を意味する故これを涅槃会ともいう。今は仏陀釈尊の入涅槃を哀歎し、報恩の為めに毎年二月十四日夜半より十五日に互って修する法会であって、仏涅槃像を供養す。印度・中国・本朝を通じて古くより行われた。東大寺要録巻四、二月堂の条には天平勝宝五年（七五三）二月十五日より弘仁六年に至る六十二年間涅槃会を行うといい。石山寺縁起に延暦二十三年（八〇三）当寺にて常楽会をはじめ行う。衆僧梵唄の声をととのえ、児童舞曲の袖をひるがえすともある。我が高野山では亀山天皇の頃、大楽院に信日・信堅の両大徳あり、天皇の御帰依が厚かったという深由に依り、勅願の法会として大楽院に執行され来ったが、近年に及び金剛峯寺に移され、古格の通り現今猶如法に勤められている。涅槃講・羅漢講・遺跡講・舎利講の四座より成り、読む所の講式は明恵上人の作である。①

註

①　大山公淳著作集第四巻「仏教音楽と声明」第二篇及び第三篇参照

二　涅槃講

勧請（上﨟役）　時刻前に諸衆出仕、大塔の鐘九下終の響を受けて勧請の頭。勧請士は礼盤の前に到り、衆と共に蹲踞し、扇を磬台の側に置き、礼盤の上に法則①を開き、柄香炉を取って発音、諸衆合掌、頭助共「唯願」の句で立ち、「受戒」の句で居す。次いで総礼の伽陀②を蹲踞して出し、称名礼は蹲踞合掌して三句共に南無の羽の位に立ち、下二字の時居す。第三句の終りに諸衆と共に同時に五体投地、終って勧請士帰座す。

次伝供③　中﨟の役、四智・心略・金剛業の三段皆梵語讃を唱える。鈸は常の如く、頭人次下の人は鐃を打つ。

初段

中段

後段

次祭文④　浅﨟の役、勧請に三礼ある故諸徳三礼の句を除き金も打たない。

次涅槃講別礼伽陀⑤　中﨟の役、蹲踞して唱う。

次涅槃講式⑥　中﨟の役、総礼二・三句の程に起座、礼盤の前に到り三礼して登壇、塗香灑水を用いず、式の紐を解き、中を窺い見て脇机に置き、伽陀の終りに香炉を取り金二打、四箇法要終って又一打、然して式を取って読みはじめる。

　六種廻向終って下礼盤、三礼して本座に還る。

次唄士⑦　上﨟の役、式士の金を聞いて扇を立て発音す。如来唄である。色の字引き終って扇を置き、承仕散花士の前に花籠を持ち来れば後二字を唱える。

次散花士　珠扇を懐中し、花籠の緒を捌き、法則を中に入れ、両手に持⑧って立つ。唄畢れば初段発音、中段釈迦、三段共香花供養仏の香花にて花を散らすこと常の通りである。

次梵音士　散花畢れば直に発音す。花を散らすこと釈迦尊にて一花、諸如来にて二花、大乗経にて三花、諸菩薩にて四花、都合十花である。これによって予め花籠に散花の分と合せて十六花を準備す。梵音の花を散じ終れば、その便に花籠の紐を右手にて攬き寄せ、一所に集めて内に入れ、立ちながら座の下に置き、珠扇を出し、両手に持ち、猶続いて立つ。

次錫杖士　花籠を下に置き、立って錫杖を持ち来るを待ち、右の風空をもって錫杖の輪を取り、左手を柄に添え、右の火水地の間に移して末を少し下げ、全身端正にしてなにとなく発音す。振る時は右手を差し上げ、左手で柄の下を持ち、右手大指にて金の処を押え、地水火風の四指で木の処を握り左手を放つ。振る場所は示如実道にて三振、願清浄心にて三振⑨、執持錫杖にて三振す。一振は初に錚・錚・錚と緩に振り、後三つ程細に次いで急に三・四振る。唱え終れば柄を左手に移し、右手輪の所を握って下げ、承仕来れば柄を向にして渡す。仏名の終りに式士金一打、諸衆同時に居す。承仕は此の時花籠を撤す。

以上散花・梵音・錫杖・祭文は下座四人に臈次に配役し、四人同時に其の席に立列す。

次式士　仏名の畢りに金一打して発音す、但し表白《ひょうひゃく》段の間は念珠香炉を持し、暗誦にて唱う。若し見読の時は香炉を前机と脇机とに跨げ置き、表白段終って脇机に置く。

　式各段の終りごとに讃歎伽陀を唱う。中臈の役、第四段第三行の終りに上音あり。上座の内にて見合せ発音す。和讃の頭は伽陀士の加役にて諸衆助音す。上座の中にて上音を出す。

次念仏　上臈の役、和讃終るを待って念仏初重、神分の金を聞いて止む。前讃の後普供養の金より復念仏、初重数遍、振鈴より行道、散念誦の終り頃より二重五遍、三重一遍、二重一遍・初重一遍唱えて着座す。一字の金にて声を止む。但し遍数は三行をもって一遍となす。

次導師　上臈の役、和讃上音の頃に座を起ち登壇、前方便等常の如く、念仏の三行目を聞いて神分の金を打つ。前讃の後普供養の金一打、散念誦の終りに一字の金。釈迦法を行す。

前後讃　中臈の役、後讃に返鈸⑩あることは常の如く、また鐃あり。打ち方に就いては「鈸の突様」参照のこと。心略漢語の次に合殺あり。鈸を置いて発音す。讃頭の加役である。行道なく。哭仏讃にて第三段の鈸を突く。

次廻向　終って諸衆祈念　以上涅槃講畢り。

註

① 法則は手燭の前に開く
② 右膝着地左膝立つ
③ 鈸の数一〇四頁参照
④ 祭文士作法一一四頁
⑤ 法則に総礼とあるは誤りである。
⑥ 略して涅式という。式士作法一一八頁
⑦ 唄士作法一〇五頁已下
⑧ 花籠持ち方、更に聞け、普通散花作法一一〇頁
⑨ 三振或は二振の説あり

⑩　返鈸のこと一〇四頁参照

三　羅　漢　講

伽陀　中﨟の役、第二・三句の頃に式師立座登壇。

羅式[①]　中﨟の役、香炉を取り一礼して登壇、式の紐を解いて中を窺い見、香炉を持ち坐して金一打、蹲踞して一打、三礼の句毎に起居、第三句の終りに金一打、後趺坐す。次に中唄の終りに一打、香炉を本所に還し、次に式を読むこと涅槃講に同じい。下礼盤一礼である。総じて法要を用いない時は必ず三礼の文を用う。

讃歎伽陀・和讃等　涅槃講作法に同じく、和讃の終りに念仏初重一遍三行。終って祈念す。

註

①　羅漢講式の略語

四　遺　跡　講

伽陀　老若を簡ばず能音に任す。式師の登壇作法等前に同じい。

遺式[①]　老若を簡ばず堪能の人を撰ぶ。先ず三礼して登壇、次に式の紐を解いて中を窺い見、香炉を取って金二打、御前頌の終りに復香炉を取り金一打、式を読むことは前に準ず。

御前頌　上﨟の役、式士の初の金を聞いて扇を立て発音す。

讃歎伽陀・和讃等　前に同じ。

註

① 遺跡講式の略語

五　舎　利　講

伽陀　中﨟の役

舎式①　上﨟の役、作法羅漢講に同じい。

讃歎伽陀　前に同じく上音がない。和讃の終りに念仏を唱えない。

舎利讃歎　上﨟の役、扇を立てて発音す。

舎利礼　上﨟の役、大楽院にては二十一遍唱う。初重九遍・二重七遍・三重三遍・二重一遍・初重一遍である。余所に於いては初重二遍・二重二遍・三重一遍・二重一遍・初重一遍・都合七遍誦ず。起居には蹲踞し、終りに頭頂を地に投ぜず、直に踞跪す。

奉送　老若を簡ばず能音に任す。自己の座坪で発頭す。称名礼は前に同じい。

註

① 舎利講式の略語

第九章　御　影　供

一　概　説

宗祖大師の御入定を憶念し、報恩の為めに此の法会を営む。祥月命日たる三月二十一日に執行するを正御影供といい、毎月二十一日に行うを月並御影供という。延喜十年(九一〇)三月二十一日東寺灌頂院に於いて、長者観賢僧正これを始行し、高野山では久安四年①(一一四八)三月二十一始行、爾来恒例となった。

註

① 久安四年のこと　高野春秋第六巻、仏全一〇二上

二　正御影供法会

本山では大塔出仕の鐘を聞いて御影堂へ参集す。若し庭儀を勤める時は、先ず集会の鐘にて各自坊出門、集会所へ集まり、時刻前に装束を着けて設けの席に坐し、上堂の鐘より乗輿の事務検校法印に随従し、威儀を正して御影堂へ参向、事務執行代は直に供物所へ参じ、次第の如く加持作法を作す。但し御影堂の出仕退堂は、法印は正面より、入寺以上は東側裏より、衆分は西側裏より出入す。

法印出仕、内陣へ着座せられるを見て、正面衆・行道衆は東西に向き合いて厳重に立列し、正頭並に片頭の次

席の人は法則を開いて正頭片頭に見せしめる。汰汰人は内々陣より鐃鈸を持参し両讃頭に渡す。両讃頭は向い合せに鈸捌きの法をなして受け取り、正頭は伝供の讃発音、片頭は合せ鈸を突く。

伝供は大塔或は金堂に供物を盛り置き、執行代の加持を待って順次これを四庄官[①]に渡す。四庄官は衣冠束帯にて一々の供物を受け取り、御影堂正面より登壇、縁を東西に別れ、北の両入口より行道衆の浅臈へ渡す。行道衆はこれを受けて戴き、順次上臈へ伝供し、最後に手長長跪してこれを受け取り沙汰人へ渡す。沙汰人は奉持して御宝前定めの場行へ安ず。その間伝供の讃を唱う。初め四智梵語讃鈸十五、以下中間の讃、吉慶漢語五段を順次繰り返し、一讃毎に鈸三十を突く。最後の飯食を三股松の辺まで持ち来れば仏讃を唱え、後段の鈸を突き揚鈸す。

讃頭は伝供・前後讃共に正頭人一の役、その中伝供には片頭対鈸し、前後讃は正頭一人片鈸である。

伝供終れば祭[②]文士左手に念珠、右手に扇、帽子は懸けたままで起座、表白師の前を通り内陣に進む。内陣入口にて軽く一揖、礼盤の前で復一揖、少し右に寄り、蹲踞して念珠を袖に入れ、檜扇を懐中し、左手礼盤を押え、右手磬台の槌を外し、その手にて脇机の祭文を取り、両手にて少し披いて中を改め見、左手に持って甲乙に金二打等、次に「諸徳三礼」等譜の如く誦ず。此の時諸衆三礼、祭文士は二礼して「維」以下を唱う。終の「庶幾」の時より祭文右手の方を左肩に打ち懸け、巻きながら唱え、終って祭文を元の脇机に還し、撞木を磬台に掛け、檜扇念珠を出し、威儀を正して正面に立ち直り、一揖して本座へ帰る。

祭文士内陣より外陣へ退くを見て、執行代起座、内々陣へ進む。作法別にあり、次いで供養法師・片壇師・表白師同時に起座す。

供養法師③は先ず東に廻り、胎蔵界曼荼羅に一揖し、大壇の北に進んで宝前に稽首し、片壇師は西に廻わり金剛界曼荼羅に一揖し、大壇の北に進んで宝前に稽首す。かくて両壇師宝前にて行き違う時、相互に右側を通り、各々東西両壇に進み、壇の前に蹲踞して檜扇を磬台の下に置き、香炉を取って三礼、登壇着座、次に辨供・祈念・焼香・威儀・次に前方便作法常の如くなして、表白の終りを待つ。

表白士④は祭文士の本座に還る時、威儀を正し、内陣入口網戸の所にて袖摺り交す程に起座、内陣へ進入、礼盤の前に到り登壇す。

供養法師⑤はエ胎ト金の順序にて修行するも、正御影供のみは金剛界を用う。表白師の廻向大菩提を聞いて五悔等発音、五大願の時沙汰人前讃の鈸を正頭に出す。五大願終れば前讃発音、三段常の如く唱える。片壇師は塗香灑水を供養法師に合わすのみにて、それ以外何の作法もしない。振鈴より正頭合殺の頭を発音、諸衆起座一揖、西座浅﨟より行道を始め、裏堂に到り、珠扇を懐中して花籠を受け取り正面に進む。第一匝の時毘盧遮那の頭の句から第七遍目に各々華を散らす。第十三句目には本座の位置に帰り立つ。第二匝の時職衆少し揖して前の如く遶堂、第五句目に華を散らし、第十三句目には本座の位置に帰り立つ。第三匝の始めに復一揖、頭終り助音となれば直に花を散らしながら遶堂、裏堂で花籠を本処に返し置き、珠扇を取り出し、威儀を正して行道を続け、第十三句目には本座へ帰り着き、頭人も亦本座へ還着す。其の時沙汰人後讃の鈸を正頭へ持参す。

次に後鈴、後讃三段常の如く、至心廻向終れば供養法師・片壇師下礼盤、三礼して前の如く宝前にて行き違い、各本座へ還る。

法会終れば沙汰人は法印の持物を伴僧に渡し、法印は正面階段より乗輿退去。諸衆一同退散す。

註

① 四庄官は高野山麓入郷の岡、高野口町の亀岡、中橋・田所の四家の役となす。
② 祭文士作法一一四頁
③ 供養法師作法並に片壇師作法一一六頁参照
④ 表白士作法一一五頁参照
⑤ 供養法師作法一一六頁

三　装束並に堂内席次

堂内衣体は、執行代・供養法師・片壇師・表白士は共に衲衣袍服・檜扇・半装念珠・草鞋着用、祭文士は白襲の上に裳を引き、精好・藺草履を着用す。手長役人は襲精好、職衆は襲に青甲・藺草履、正頭・片頭は此の上に横被を着ける。

法印は御衣着用の上乗輿、金剛峯寺より参堂、蛇腹道を通り、金堂の東より正面へ廻り、西の杓子の芝と金堂の間を過ぎ、三股の松の西より御影堂正面へ到り、階段の上にて輿を下り、表白士・祭文士の座席の間を通り、内陣正面東側新畳台に着座、伴僧は白素絹紋白にて内陣入口まで香炉を持参し、御影堂沙汰人へ渡す。沙汰人はこれを法印の前へ置き草鞋を直す。

職衆の席は内陣法印席の東に供養法師、西側執行代の西に片壇師、外陣正面に表白士、祭文士、次に手長二人の席を設ける。但し此の四人は正面東西に向い合って座す。諸衆は各々檜扇を後に置き、威儀を正して着座する。

供養法師・片壇師は前年度の左右学頭、表白士は学頭の次席、祭文士は更に其の次席に配し、執行代は已灌頂の人が輪番に勤める。正面衆行道衆は入寺の一臈より衆分一般に請定す。

四　月並御影供《つきなみえく》

諸衆大塔出仕の鐘を聞き、定めの時刻までに御影堂へ参集。衣体は襲精好着用、外に執行代・供養法師・祭文士は白の括り袴を用う。猶祭文士は白の襲精好に裳を引く。

執行代の座坪は内陣正面西側、作法は正御影供に準ず。法印席は内陣東側に常備さる。供養法師は正面外陣に西向に坐し、讃頭席は正面供養法師席より稍南後に下りて西面す。経頭師並に入寺以上は東側にて西に向い、入寺未満者は西側にて東に向い坐す。

法要は先ず伝供、四智梵語讃を誦じて鈸三十、次に合殺を唱う。鈸なし。合殺終れば祭文士は内陣に進み、祭文を読むこと正御影供に同じい。祭文終れば供養法師中壇に登礼盤、作法はヱ胎ト金なれば、能く能く注意し、五悔・九方便等相違なきよう発音しなければならぬ。普供養の金より理趣経一巻、切々経に読む。経頭師発頭。理趣経の次に後讃を唱えること常に同じい、但し後供養の閼伽の音を聞かないで発音してはならぬ。供養法師もそのことを心得ていなくてはならぬ。後讃の後廻向方便を唱えて法会は終る。

法印並に諸衆の出仕退堂は正御影供と同じである。

第十章　仏生会と誕生会

一　仏生会

仏生会は釈尊の誕生を記念し祝する法会であって、四月八日に勤められる。常楽会と共に仏祖に対する二大報恩会としてインド・中国にも古くより行われ我国では①推古天皇十四年（六〇六）四月八日寺ごとに斎会を設けしめられたことあり、②承和七年（八四〇）四月八日律師伝灯大法師位静安を清涼殿に請じ入れて、始めて灌仏を行うたとある。そういうことありてより以来漸次朝野に盛に行われるようになった。花御堂に誕生仏を安置し、甘茶をもって灌沐する。これによって灌仏会とも称せられる。尤も古は灌沐に香湯を用い、甘茶は徳川期の頃より用うるようになった。花御堂は宋朝③以来かも知れぬ。仏前に花・焼香・灯明を供え、精進供・菓・餅・果等を備えることは常とかわらぬ。密壇を荘厳し、脇机・礼盤・磬台等を設ける。

法会は伝供④三段をもって始められ、次に祭文・総礼伽陀第二・三句の頃に式師登壇、如来唄・散花⑤三段あり、讃歎伽陀五段を用う。式師作法は常楽会に準ずるも、近来は略して予め頃を見計い法会前に登壇、一人これを読唱し、法要は定めの時刻より順次これを営む。式終って式師降壇、本座に復するの後、灌沐頌発音、諸衆助音、二頌あり。一会の上﨟起座、礼盤の前に進んで香炉を取り、三礼して登壇着座、弁供・普礼・塗香乃至加持香水等、作法畢って仏前に進み、杓を取り、尊像の頂上より灌沐すること七遍、本座に還る。次いで諸衆左右各々上席より順次起座、尊像の両辺に到って杓を取り灌沐す。但し讃頭の人は讃畢って灌沐す。灌沐頌畢って後讃、四智漢語讃、⑥次に吉慶漢語五段、⑦諸衆の灌沐終るまで唱誦す。灌沐終らんとする頃に仏讃を唱え、後段の鈸を突く。次に廻向伽陀あり、法会を終る。

註

① 日本書紀二二
② 続日本紀九、類聚国史一七八
③ 勅修百條清規巻上参照
④ 伝供、四智・心略・金剛業の梵語讃
⑤ 散花中段釈迦
⑥ 四智漢語讃、鈸十五
⑦ 五段鈸数、各段共三十

二　誕　生　会

誕生会は宗祖大師の御誕生を記念し祝する法会であって、近来多く降誕会と称す。六月十五日に勤める。御影供と共に宗祖に対する二大報恩会である。此の法会は仏生会に準じて執行せられるのであるけれど、古くは行われず、明和の頃から行われるようになった。これ人法興隆の瑞兆に由るものか。

仏前荘厳はすべて仏生会の如く、法会は伝供四智・心略の梵語讃と、吉慶漢語迦毘羅衛の讃をもって始められ、祭文の次総礼伽陀に称名礼あり、式師登壇等、作法は前に同じい。唄は云何唄、散花三段あり[1]、讃歎伽陀三段、式終って下礼盤。伽陀終れば灌沐頌発音。一会の上﨟登壇、作法前の如くして灌沐を為す。次いて諸衆灌沐、畢って後讃、中間の讃あり。廻向伽陀称名礼にて終る。称名礼は蹲踞し合掌して起居す。

註

① 散花中段大日

第十一章　光明三昧会と施餓鬼会

一　光明三昧会

光明三昧会は土砂加持法会と同じく、不空羂索経第二十八灌頂真言成就品の所説により、過去聖霊追福のために、光明真言会として古くからあり、陽成天皇元慶四年[1]（八八〇）十二月十一日に行われたのは、その最初の記録とすべきであろう。

時刻までに集会所若しは道場に参堂、庭儀あれば曼荼羅供法会に準ず。総礼伽陀と唄・散花対揚を加えることがある。導師は光明真言法を修す。諸衆は神分の金を聞きて、若し五悔・前讃を加うれば普供養の金より音曲光明真言の頭発音、振鈴より行道三匝。正念誦の終り頃より二重五遍・三重三遍・二重三遍・初重三遍を唱え、畢って各々の座坪に立ち、猶初重の真言を唱う。導師頃を見計って一字の金を打つ。諸衆音を止めて着座、後鈴より和讃[2]の頭発音、導師は微音に光明真言を念誦す。讃終って光明真言伽陀発音。廻向伽陀・称名礼をもって畢る。これらは土砂加持法要に準ず。

註

① 三代実録三八

② 和讃の替りに後讃を用うることもある。

二　施　餓　鬼　会

施餓鬼会は、六道有情の中にて最も飲食の不足に苦しむ餓鬼に施食し、三宝の徳をもってその苦難を抜済する為に勤める。滅罪と増益を志すのであって、不空三蔵訳[1]救抜焔口陀羅尼経一巻、施諸餓鬼飲食（及水）法一巻を本とする。

[2]施餓鬼棚を設け、五色の幢に五如来の種子と名号を記し、五方に立て、中に浄銅器或は瓷器・漆器を置いて飲食を備う。盆供・彼岸会等に際し、多くの塔婆を用意し、各種の供具を備え、有縁無縁の聖霊得脱を祈り、又塔婆や諸種の供養物を浄流水中に投じ、直接餓鬼に施すこともある。これ餓鬼は厳儀に列することが出来ないからである。次に五色幢は

種子	五色	五方	五如来		
	黄	巽	南無過去宝勝如来	除慳貪業福智円満	(南)
	青	乾	南無妙色身如来	破醜陋形円満相好	(東)
	赤	坤	南無甘露王如来	灌法身心令受快楽	(西)
	白	中央	南無広博身如来	咽喉広大飲食受用	(中)
	黒	艮	南無離怖畏如来	恐怖悉除離餓鬼趣	(北)

施餓鬼法には広略種々あれど、簡単な一つの法を挙ぐれば、

先護身法　次三帰文曰

南無十方仏丁　南無十方法丁　南無十方僧丁

南無大悲観世音菩薩丁

次施食偈

神呪加持浄飲食　普施恒沙衆鬼神

願皆飽満捨慳心　速脱幽冥生善道

帰依三宝発菩提　究竟得成無上覚

功徳無辺尽未来　一切衆生同飽食

ナウマク　サラバタタギヤタ　バロキテイ　ヲンサンバラ　サンバラ　ウン

次甘露陀羅尼

ナウマク　ソロバヤ　タタギヤタ　タニヤタ　ヲンソロソロ　ハラソロハラソロ　ソワカ

次一字水輪真言

ナウマクサンマンダ　ボダナン　バン

次飯を浄地に瀉し置く。或は柵、或は流水・樹下・石上

次③五如来名号

次発菩提心真言　三遍

次三摩耶戒真言　三遍

次光明真言　二十一遍

諷誦文

汝等鬼神衆　我今施汝供　此食遍十方　一切鬼神供

次廻向文

願以此功徳　普及於一切　我等与衆生　皆共成仏道

此の法会を修するに二箇法要を用い、或は理趣三昧会・光明三昧会を行じ、或は後に観音経（普門品）を読誦し、尊勝陀羅尼を誦ずるなど時の宜しきに随って種々の法式が行われる。

註

① 大正二一参照

② 棚の高さ三尺、或は二尺五寸という（施餓鬼法修習用心集中）

③ 五如来名号、前の如し。但し種子、五色、五方を除いて称う。

第十二章　大般若会と盂蘭盆会

一　大般若会

諸法皆空の旨趣を広く説いてある大般若経六百巻を読誦し、除災召福の祈念を凝らす法会である。釈迦如来並に般若十六善神に法楽す。中国でも古くより行われ、我国では神亀二年（七二五）閏正月十七日、天平九年（七三七）五月朔日などに、僧六百人を宮中に請じて、大般若を読誦し、災をはらうとあるはその最初であろう。

先ず導師香炉を取り一礼して登壇金二打、三礼中唄等、その作法は表白士作法に準ず。若し法要ある時は三礼して登壇金二打、唄・散花対揚あり①。法要終って香炉を取り表白・発願・四弘、次に第一巻の経を取って其の題名「大般若波羅蜜多経初分縁起品第一」迄を高声に読む。唐の三蔵等翻訳者の名を読まず。経文は七五三に読む習いになっている。諸衆これより読経、同じく毎巻七五三に読む。導師は次に如意を取って仏名、香炉を取って諸願成弁の句、並に廻向を唱えて下礼盤②、本座に還り読経す。その間承仕は早々に香花飯食を取り替える。

結願作法　凡そ経六百巻の七八分相済む頃を見計らって導師登壇、結願作法をなす。若し如法ならば経悉く了って此の作法をなす。先ず香炉を取って、一礼登壇、三礼、中唄・発願・四弘等、次に第六百巻目の経を取って七五三に読む。諸衆共に各々の最後の経を取って同時に読み終る。次に導師巻数を読む。香炉に取り添えてこれを読み、金剛盤の左方（或は脇机）に置く。次に香炉を取り結願の事由、神分、次に経を持って経題、如意を持って経釈、扇を取って祈願、香炉を持って補闕分、廻向。

本山寺家では導師直に釈迦法・或は供養法を修し、振鈴を聞いて諸衆理趣経を読誦す。経頭発音、同一性故入阿字にて導師金一打下礼盤す。下礼盤の時法要あった時は三礼、法要がなかった時は一礼のみ。若し導師の修法なき時は、結願作法の後心経三巻、諸真言を誦じて下礼盤す。理趣分は上﨟中適当の任体に頼み、時間を見計いて読み始む。

総じて大般若会には率都婆品をソロバホン、地獄品をチキョクホン、四をヨンと読む習いになっている。

註

① 散花中段釈迦
② 法要ある時は三礼、法要なき時は一礼

二　盂　蘭　盆　会

此の法会は先亡精霊の滅罪と得脱の為めに修する。仏弟子目連[1]、その母餓鬼道にあって痛苦甚深なるを観察し、救いの法を仏に問う。仏は七月十五日、十方の衆僧自恣の日、当に七世の父母及び現在の父母厄難中の者の為に、大徳衆僧に百味の飯食五菓の供養を行ぜよと教え給う。目連は教えの如くなし、その功徳によって母は餓鬼道の苦しみを脱することが出来たという経説に由来し、印度・中国・本朝共に広くこれを行じている。盂蘭盆の原語について、懸空・倒懸の意味を有するウラムバーナ（Ullambana）であるとするは古来の説で、地獄の責苦を表現した語とされているが、近来救済・済度・引導の意味を有する巴里語のウラムパーナ（Ullampāna）に相当しなければならぬとも説かれる。我が国では②推古天皇十四年（六〇六）七月十五日初めて寺ごとに斎会を設けしめられたことあり、次いで斉明③天皇三年（六五七）七月十五日須弥山の像を飛鳥寺の西に作り、盂蘭盆会を設け、暮にその頃九州築紫に漂泊し来ったトカラ④人を饗し、また群臣に詔して。京内諸寺に盂蘭盆経を勧講して七世の父母の恩に報ぜしめられた。これらの記録をもって濫觴とすべきである。読む経は盂蘭盆経である。先ず導師登壇、法用の金二打、釈迦法を行ず。職衆の作法

如来唄　散花⑤対揚　次唱礼五悔　前讃⑥　経頭正面に立ち勧請等　後唄　後讃⑦

の順に勤める。

註

① 仏説盂蘭盆経説、大正一六・七七九
② 日本書紀二二
③ 同　二六
④ トカラは印度の西北、中央アジアの東南方にある国
⑤ 散花中段釈迦
⑥ 四智、心略梵語、北方讃
⑦ 四智漢、心略漢、東方讃

第十三章　彼岸会と布薩会

一、彼　岸　会

迷いの此岸に対して覚の岸をもって彼岸となす。波羅蜜多（Pāramitā）は到彼岸と訳され、菩薩が修行して覚の岸に到るを意味する。暑さ寒さも彼岸までという俗語の通り、寒暑も春分秋分の頃を境として、時候変化し、昼夜もこの頃に及びては長短を同じくするにいたる。その時期にあたりて先亡得脱・精霊追福・滅罪生善のために仏事を行ずるは、我国古来の風習である。[①]桓武天皇大同元年三月早良親王のために、諸国国分寺の僧に、春秋二季の仲月別して七日間、金剛般若経を読ましめらるとあるがその初めであって、本山では寛仁四年（一〇二〇）御影堂において始行、長久五年（一〇四四）これを金堂にうつしたとある。

法要は平座理趣三昧にて、五悔・理趣経・後讃・廻向、終って光明真言五十遍を唱うる習いである。その中五悔勧請には勧請所志・各成菩提の入句を用いる。

註

① 日本後紀一三

二　布　薩　会

これはインド以来律部の儀式であって、密教の法会ではないが、しばしば真言宗内寺院に行われ、また行わねばならぬので、特にこれを記して参考に資する。尤も法式は褒灑陀《ほっしゃだ》儀則に詳記されているので、今はその準備等、儀則に記してない二・三の点を出すにとどめたい。

褒灑陀のことを布薩とも書き、その他いろいろ漢字の書き方がある、けれどそのもとはポーシャダ（Posadha）であって、毎月十五日と月末日とに今の法式を行じ、半月半月の教団生活における各自の行跡を反省し、仏戒護持の心を新にし、自身を浄戒の中に安住せしめる。その意味をもって浄住とも訳し、善法を長養するので長養とも訳する。

先ず戒牌《かいはい》を認めて、本尊段へ向って右より順次にこれをまつる。

一　三聚浄戒波羅提木叉

二　十方一切如来応正等覚

三　十方一切諸菩薩摩訶薩

四　三国伝灯諸大祖師

次に道場正面適当の場所へ机一脚、上に香炉と香箱を前側にし、後に籌箱を置き、籌箱の上へ花皿を安置し散花用房花を盛る。机の左右両脇へ各一つずつ掛台を置きて浄巾を掛け、その前へ右側には香水瓶、左側には香湯瓶を、それぞれに稍広い手洗鉢に入れて置く。

入堂の前露地の偈の時、上座一人一会を代表して先ず入堂正面机の前に至って焼香三礼、了って正面縁に出て偈を唱う。

問監護・召集凡聖・告行籌の文は音読する。

行籌の時授事（或は維那ともいう）は籌箱を取って左肘の上に置き、先ず進みて本尊、次に諸尊に各一本ずつの籌を供え、次に小者を伴うて上座苾蒭衆の前に到り問訊等のことをなす。

籌を小者に授くること、小者が大僧なるか求寂なるかによって、その場合が異るを知らねばならぬ。

不来嘱受菩薩の文、及び此中無説教及清浄の文、大徳僧伽先作何事以下の文は場合に応じて用いない。その時は梵網経説戒終れば直に後唄へうつる。

上座以下柄香炉の準備を要するはいうまでもない。

第十四章　高野山学道

古来学道の中心問題は講讃にあるが、それは仏陀の経典を講じて讃歎するのであって、その中特に疑問の点を挙げて義をくわしくするのが問答論議であり問講である。そのことは教学の発展につれて印度にも中国にも行われた。

本朝講経の始めを見るに、聖徳太子が勝鬘経・法華経・維摩経を講じたもうたことは有名であるが、その後孝①徳天皇白雉三年（六五二）四月十五日沙門恵隠を内裏に招いて無量寿経を講ぜしめ、恵資をもって論議者とし、沙門一千人を聴衆とされた。爾来講経論談は南都を中心に、漸次盛に行われるようになった。

本山では宗祖の芳躅を伝え、御入定後真然大徳の時、伝法・修学二会の式日定められ、南山教学興隆の基を開かれた。後興教大師覚鑁上人に及びて再興、大いに発展するようになり、鎌倉期以後教学の花を咲かすに至った。その中心は弘安四年（一二八一）の頃建設された勧学院学会としなくてはならぬ。応永十三年（一四〇六）の頃竪義精義両者を中心とする竪精論議が南都より移されることになり、南山学道の登龍門は完全するにおよんだ。

南山住侶は先ず交衆《きょうしゅ》の後、能化の指南を受けて、十巻章十巻や大日経住心品疏五巻・釈摩訶衍論十巻、二十五巻書というが、その他三教指帰・性霊集などの素読法を習い、兼てその講義を聴き、論議法談並に諸法席における所作を学び、打集《たしつ》とて宗要の文義を打ち集めた草稿本を十二分に精研し、②校合《きょうごう》・沙汰《さた》に出仕し、新衆競《しんじゅけい》望《もう》に及ばねばならぬ。新衆を競望して愈々学道に進入、勧学会初年目・二年目に出仕、一巡問講並に③十日廻《とおかまわし》十日間、二日廻《ふつかまわし》十日間、本会《ほんね》十日間を勤め、無事成満したものは入寺位以後十年を経て阿闍梨位の允可を受け、学道三年目に出仕、学修灌頂入壇、伝灯大阿闍梨位を得、順席に九月三日竪精明神を拝受、一カ年間籠山、昼夜三地両所に奉仕し、旧暦五月三日を期して竪精問講の大儀を勤め、その年の九月三日次席の人へ明神を送る。後十《じっ》聴衆《ちょうじゅ》の席に進み、一カ年隔てて勧学会一・二﨟出仕、翌年左右両学頭位に昇り、内談議と御最勝講を勤め終れば学道成満となり、法印職に昇進を待つのみ。

　その間山内にては講讃法楽《ほうらく》の論議が不断に行われている。以前には各寺家にてそれぞれ論議研鑽あり、且つ宝門（宝性院方）にては正智院、寿門（無量寿院）にては龍光院にて月々の問講があったが今はそのことなく、唯毎月十六日御社《みやしろ》山王院と十九日御影堂の問講が行わるるのみ。それらの問講は一問一講とて問者一人講士《こうじ》一人にて勤め、竪精法会には前講・本講・後講とあり、本講は五問一講にて、問者五人に講士一人竪義者これをつとめ、精義者は更にその問難の義をくわしくするの立《た》て方《かた》である。

　問講法会には唄と散花対揚あり、終って講士の表白・経釈あり、次いで問答にうつる。その論議は業義《ごうぎ》と副義《そえぎ》の並列にて、問揚《といあげ》・謂立《いいたて》・会釈・一重、ついで随問随答の論議となり、加顕《かけん》・ツノリ・ツメ・ノガレの法則あり、厳重を極めるのである。

註　論議については昭和九年版「金剛峯寺年中行事」、大山公淳著「高野山学修灌頂修行記」、栂尾教授著「日本密教学道史」等について見らるべく、それ以上は直接師授を受けなくてはならぬ。

註

① 日本書紀二五

② 校合は宝門の用語にて、沙汰は寿門の用語である。

③ 十日廻しとは所用の本書一日分の文段を九日間精研し、十日目に出仕して、その成果を一会の人々に問うことで、二日廻しは二日目毎に繰り返えすをいう。

第十五章　諸役人作法

一、庭儀讃頭作法

讃頭両人集会所に着座①。列を催すや各②右手に檜扇、左手に念珠を持って座を立ち、草鞋を着けて中門に出で③、幔門④讃机の際に至り、独⑤股念珠を袖に入れ、檜扇を高らかに胸に収め、少し進み寄⑥って鈸に向い、左手にて上の鈸の緒の先を撮み挙げ、房を右方へ流し、緒の中程を右手に執り替え、左手を放って緒の根に下げ、大頭二指の間に挾み、右手を左の腕に投げ遣り、緒を左方へ流し、直に其手を鈸の右側の縁に添えて机の上に起し、次に下の鈸を右手にて房の所を撮み、右方へ流し、其手を仰げて大頭二指の間に挾み、摺るようにして緒の根を握り、鈸を鐃の内に起し、少し運んで左右の鈸を寄せ合せ、下を外へ輾る勢に三度作して目通りに差し挙げ、胸の前に置き、右手を緒の下より出して、鈸の向を握り、左手にて其の下の方を握り、さて右手を持ち直して上の方を握る。少し差し上る態にして左の脇に挾み、後ろに少し退いて向き直り進行す。その時庭行事二人来って先ず讃机を撤し、次に幔門一方の柱を抜いて一方へ押し寄せ、紐で結び付け置く。

既に大阿闍梨筵道に移り道場の方へ向かれなば、讃頭向い合せに四智讃発音、「磨俄也」の所より鈸を胸の前に出し、先ず右手、次左手にて緒の根を取り、鈸を合せ持ち、唱え畢って三⑦段の鈸を突く。突き終れば鈸の面を合せて胸の前に置き、「唵」字を除き、「縛曰羅薩怛縛」とのみ唱えて四を突く。次に鐃一打、次に螺貝三吹、両頭は衆と共に少揖して進行す。進行の時は鈸の面を合せ、胸の前に抱き、少し行き立止って四を突く。階下に到れば正頭（讃頭）、片頭（相鈸）同じく四を突き、先ず正頭は向きのままに鈸を左の脇に挟みて登階、散花机の西を廻りて東の縁へ立つ。其の間片頭は階下にて一人四を突く。正頭大床に登りて四を突かば、片頭階下にてこれ合せ、次に片頭前の讃頭の如く、鈸を左の脇に挟みて左側の薦に移って登階、正頭の右側へ並び立つ。其間讃頭を一人鈸を突き、片頭大床に登って両人同じく四を突く。次に職衆次第に右左右左と組み合い、右方を前にして左方の薦より登階⑧、甲衆は散花机の西を廻って両讃頭に並び、東の縁へ屏風折りに群立、衲衆は西の縁へ屏風折りに群立す。

次に大阿入堂、登礼盤の後五股を脇机に置くを見て衲衆浅臈前に入堂、扇を懐中、覆被の下に合掌して無言行道後ろ三匝、各々座坪の前に到り、右手に標板を執り、先ず右足、次左足と草鞋を脱いで座に上り、右廻りに向きを替え左右互に見合せて着座す⑨。一両人着座すれば両讃頭四・一・一・一の揚げ鈸を突き、鈸を鐃持に渡し、珠扇を取り出し、各々左右の手に持し、上臈前に入堂、直に各々の座坪の前に到り、同時に着座、総礼の後、一同衣紋を繕い、檜扇の本をもって草鞋を正す。

註

① 左右は大阿闍梨に就いていう

② 念珠檜扇のこと或は左に檜扇右に念珠

③ 中院流は二行、自余の諸流多く一行

④ 小野は二脚広沢は一脚他山は鐃持鈸を持ち、讃頭の前に差出す

⑤ 諸衆は独股を持す
⑥ 進み寄ること右進左退
⑦ 両頭、讃三段鈸三段の時は讃の間鈸を脇に挟む。今と広略の相違である。
⑧ 登階の時、一段一段両足を踏み揃えて登るが本儀である。
⑨ 着座法三三頁参照

二　平座讃頭作法

先ず念珠①を膝の上に置き、扇を右の方へ置く。次に右手にて鐃鈸を右膝の前に引き寄せ、左手にて緒の末を撮み挙げ、房を右方へ流し、緒の中程を右手に取り替え、左手を放って緒の根に下げ、大頭二指の間に緒を挾み、右手を左の腕に投げやり、緒を左の方に流し、直に其手を鈸の右側縁に加えて、左膝の前に置き、復左手を仰げて緒の中程を執り、緒の末を右方へ投げ遣り、右手を覆せて緒の末を握り、それを輪にして鈸の縁に置く。次の鈸を右手に執ること大凡そ前の鈸に同じい。但し左右が異る。且つ緒を右方へ流して後、鈸を少し持ち挙げて左手にて鐃を向へ押し遣り、鈸を其跡に置く。鈸若し大なれば左を上にして少し重ね、若し小なれば中を少し開く。又鐃鈸の置き様∴字の三点に形取る。

若し鈸の緒切れた時は其儘下へ置き、唱え来る讃畢ればその讃を繰り返えして唱う。其間に緒を付ける。

次に鈸を突く時は、左方の鈸の緒の末を左手にて撮み挙げ、房を右方に流し、緒の中程を右手に執り、左手を緒の根に下げ、大頭二指の間に挾み、右手を左の腕に投げ遣り、緒を左方に流し、其手を直に右側の縁に加えて鈸を起し、次に右方の鈸の緒の中程を右手に執り、房を右に流し、その手を仰げて大頭二指の間に緒を挾み、摺る態にして緒の根を握り、鈸を起し、少し運んで左方の鈸と其面を合せ、下を外へ輾る勢を三度作し、鈸を擎げ胸の前にて突く。

突き終って左右の鈸を同時に下に置き、先ず左方の鈸を左手を仰げて緒の中程を握り、緒の末を右の方へ投げ遣り、又右手を覆せて其の末を握り、両手をもって是を輪になし、鈸の縁に置く。後に右方の鈸の緒も前の如くなす。

三段の鈸突き畢ってこれを鐃に入れる時は、先ず左手で右方なる鈸の緒の根を少し撮み挙げ、右手の大頭二指をさし入れ、左手を放って縁に加え、鈸を引き挙げ、直に左手にて前なる鈸を右膝の方へ引き寄せ、亦先の如く左手を鈸の縁に加えて鐃に入れ、次に右手にて左方なる鈸の緒の根を少し撮み挙げ、左手の大頭二指を指し入れ、右手を放ち、縁に加えて鈸を引き挙げ、鐃に入れ置く。かくて鐃を出す時は左を先にし、入れる時は右を先になす。

註

① 念珠袖に入るべきか、扇を披いて其上に念珠を置くは多く新義方の義なりと

三　鈸の突様並に返鈸

初段① 攘丁攘丁攘丁　（序の鈸又は起鈸という）　攘惹惹攘丁　三遍

中段　攘惹惹攘丁惹惹攘丁惹惹攘丁　以上三遍

後段　惹攘丁惹攘丁攘惹惹攘丁　以上三遍

（丁字は鐃を打つ式を指示す）

伝供並に前讃三段なる時、鈸の数初段十五、中段三十、後の段二十四である。或は一讃にて一段三十の鈸を突くこともある。十五は五智各々三密を具するの義にして、三十は五智各々六大を具するの意、二十四は六大四曼互為能生の意を示す。猶、鐃は本有不二の月輪、鈸は修生定恵の月輪と習う。

後讃の鈸の数、大会若しは厳儀にて、前讃に対する後讃なる時は返しの鈸を用う。初段十二、中段は常に同じく、後の段二十四の終りに四・四・四・一・一・一都合十五の鈸を加う。総じて三十九となる。鐃を打つことはこれに準ず。駄都讃を唱える時は鈸を胸の前に持して発音、終って鈸を突くこと常と同じい。

廻向方便の発頭、金剛界は修生の故に讃頭「懺悔随喜」の言を出し、胎蔵界は本有の故に導師「所修一切」の句を発音す。

註

① 鈸の突様、常楽会涅槃講の条参照（七五頁）

② 若し中間の讃を用いば各段ともに三十

③ 序の鈸を除く

四　唄士作法

唄士は一会上臈の役にして、導師法要の金二打を聞いて檜扇若しは中啓を立て、身心端正にして唄を引く。云何唄の時は第二行「身」の終りの声、如来唄なれば「色」の終りにて扇を音高く置く。即承仕は花籠を散花士へ配す。散花士座を立つを見て、次の二句（如来唄なれば身世の二字）を唱う。晴れの時は散花士の作法畢って座具の上に立ち、礼するを見て唱う。畢って扇を置く。

出家唄は殊に長く静に、突く所も軟に唱うるの習いである。又初二句は出家者の左の髪を剃る間に、後二句は右の髪を剃る間に唱誦す。或は左右とも各一遍宛唱う。

五　次第散花作法

承仕①唄の二句目に花籠を持ち来って散花士の前に置く。散花士は右手にて花籠を執り上げ、左手に渡し、右手にて荘厳の紐（瓔珞という）を外に出し、葩《はなびら》を花籠の向の方へ押し遣り、両手に持って下に置き、杵念珠を袖に入れ、其の便に草紙を出し、花籠の前側へ入れる。其の間に承仕は散花士以下の職衆に花籠を配し竟る②。配し竟れば、散花士檜扇を高らかに胸に収め、花籠③を両手に持ちて起座、草鞋を着けて正面の縁に進み出で、脇の方へ二足程歩み寄り、承仕より座具と香炉を受け執る。

座具はたたんだまま二つ折りにし、左右の端を承仕自身の右方になし、次に向側を短く前を長くし、其の長き方を承仕自身の方へ向け、左手頭中二指の間に挾み、柄香炉は右手に持ち、左手大頭二指の間に挾む。かくて先ず座具はそのまま散花士左手の頭中二指の間に差し入れ、次に左手にて柄香炉の柄の中程を持ち、右手にて香炉の台の方を握り、柄を散花士の方へ向けて左手に持ち直し、捧げ揖して退く。これ承仕の心得である。

散花士はその座具香炉を取り、左手には花籠と座具を、右手には香炉に花籠を持ち添え、堂内正面へ進み、少し磬④台の方へ寄り立ち、徐々に蹲踞し、花籠を左の方の板間に置く。蹲踞する時、右手を放ち、唯左手に花籠を持ち、座具を花籠の下に敷かないように注意す。次に右手の香炉を直に其の手にて花籠に懸け置き、それより左手の座具を胸の前に差し出し、右手にて向側の垂れた端を板の間に押し付け、左手にて座具を向うへ強く投げ遣り、両手にて下の二角を左右に闊げ、懐中の扇を出し、若し縮んだ処があれば、扇の本⑤にてこれを正す。仮令縮まずとも大きく久字を書いて正す態を作す。次に扇を懐中し、右手で香炉を取り、左手で花籠を持ち、香炉を持つ右手を花籠に添えて起ち上り、少し退いて左の方へ寄り、左向きに右・左と草鞋を脱ぎ、板間に両足を踏み揃え、本尊の方に向き直り、右足より座具に登り、中央に進んで中礼三度

〔註〕散花士の座具は六つだたみ、大阿の座具は四つだたみなるを便利とする。

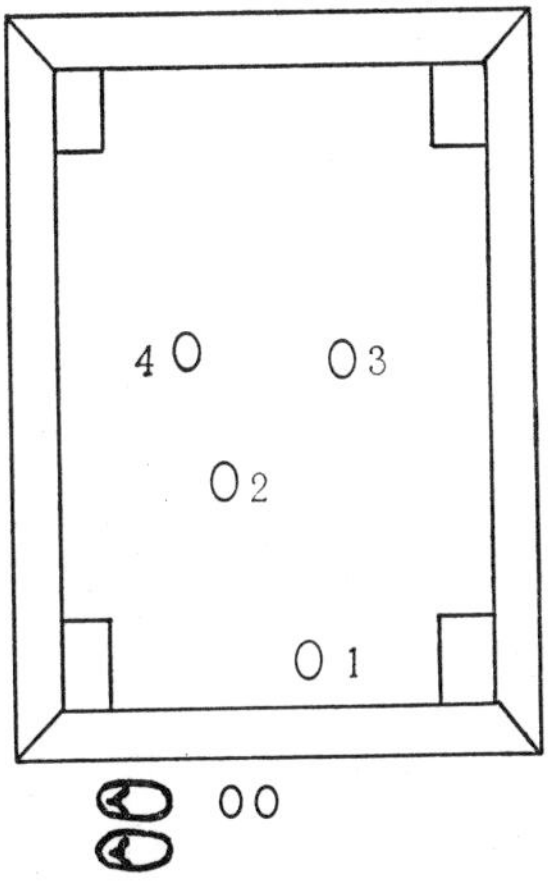

終って香炉を左手に移し、左足より後しざりに漸く板間に下り、両足を踏み揃え、横向きに先ず右足次左足と草鞋を着け、本尊の方へ向き直り、座具の中央に寄り端を少し踏⑥み、唄の終りの響を受けて頭発音、初段願我在道場より、香花供養仏に至るまで譜士を丁寧に唱う。香花供養の前にて右手の香炉を左手に移し、香花の時初段一花を散ず。職衆は頭人座具に登る時、念珠を袖に入れ、高らかに扇を懐中し、花籠を持ち草鞋を着けずして、各

各の座坪に立ち、願我在道場等次第を取って初段散花を唱え香花の字にて一花を散ず。

次に頭人中段を唱え了れば衆も亦次第を取って唱う。香花供養仏の香花にて二花を散ず。後段も亦是の如く、花三つを散ず。但し次第散花には行道をしない。

頭人第三段目の香花の時、花を散じ終って香炉を右に移し、職衆の香花という時、草鞋を元の如く脱ぎ座具に登って中央に進み、花籠の紐を内に入れず、そのまま板敷の左の方へ置く。香炉は右手に持ちたるままで左手を添え、⑦蹲踞して散花の竟るを待つ。職衆は香花供養仏の所にて花籠の紐を右手に攬き寄せ、一所に握り、花籠の内に入れて下に置き席に着く。

散花畢れば頭人対揚発音。職衆次第を取る。蹲踞合掌して起居す。最後の句を称え終れば蹲踞して香炉を右手に持ち、左手を放ち、その左手にて⑧花籠を少し後へ引き下げ、その便に花籠の中の草紙を取って左の袖に入れ、左手を香炉に添えて起ち上り、座具を下り、前の如く草鞋を着けて中央に進み寄り、蹲踞して右手にて香炉を花籠にかけ置き、座具の折目の所を、両手にて両の角より同時に撮み寄せ、右手をもって引き挙げれば自ら六つ帖《たたみ》になる。次に左手にて中を撮み、右手を向へ投ずれば元の如く二つ折になる。然して後左手頭中二指の間に挟み、右手にて香炉を取り左手を添え（花籠はそのままに置く）、正面の縁に出で、⑨先ず座具次に香炉を承仕に渡し、珠扇を執り出し、本座に還り着く。伝法灌頂三昧耶戒法要、其他厳儀には此の法式を用う。

註

① 承仕、或は堂童子

② 花籠を配すること、或は唄士を除き自余の職衆へ残らず配す

③ 花籠持ち方、更に聴け
④ 脇の間に立つこと、左右異義あれど、近来は多く磬台の方に立つ
⑤ 扇の持ち様、筆を執る如くにする
⑥ 座具の端を踏むこと、風の座具を吹き去ることあるが故に踏むと
⑦ 蹲踞のこと、諸法会儀則には踞跪に作る。已下同じ。
⑧ 花籠を後へ引き下げること　これは後に柄香炉を花籠に懸け置く時の便宜の為めである。
⑨ 香炉の渡し様、香炉を持ち直し柄の方を先にす

六　行道散花作法

散花士の所作は前の如く座具捌きの後唄終れば初段の頭発音職衆助音、次に中段の頭発音、その時左方の甲衆畳を下り草鞋を履き、調声人[1]を前にして臈次に随従。調声人右方甲衆上臈の座坪前に到れば、右方[2]の甲衆上臈先ず畳を下り草鞋を着け、調声人と左方上臈との間に割り入り、順次に浅臈随従す。かくて右方甲衆浅臈の後へ左方甲衆上臈随い行く。次に頭人は艮の角に立ち止まり廻向段発音、職衆助音、それより行道して右方は頭人に従い行き、左方は各々の座坪の所に立ち、頭人座具の際に立ち止れば、右方の甲衆其後を経て各々の座坪に帰り、草鞋を脱いで畳の上に立ち、左方右方同時に花籠の紐を右手にて攬きよせ、一緒に握って中へ入れ、直に花籠を下に置き、珠扇を取り出し着座す。曼荼羅供其他晴れの法会には此の作法を用う。

註

① 調声人とは頭人のこと

②　切込行道なり。　但し右方左方は本尊について云う。

七　普通散花作法

理趣三昧会・土砂加持会等、多く此の法による。散花士花籠を取る作法は次第散花に同じく、発頭助音は行道散花に準じ、座具捌きなく行道しない。各々の座坪に立って発頭し助音す。但し頭人のみ立つことと、浅﨟数人並び立つことあり。対揚には扇を懐中し座坪にて蹲踞し起居す。本山では頭人のみ起居する例である。

八　散花の承仕所作

承仕①二人唄の第一句に座を立ち、散花机の前に到り、蹲踞して扇を懐中し、上﨟は先ず両手をもって籠覆を褰げ、花籠を二分し、一分を浅﨟に与え、一分は自身に持ち、散花士以下次第に諸衆へ配し、畢って浅﨟は扇を出して直に退き、上﨟は立ち還って座具香炉を取り出し、籠覆を元の如く垂れ下し、次に座具香炉を散花士に捧げ②て退く。

散花士作法終れば、上﨟は前の座具香炉を受け取り、先ず散花机の下に香炉を置き、次に座具を両手にて復二③つに折り、香炉の次に並べ置く。かくて両人進み出で散花士及び職衆の花籠を順次撤す。撤し終って散花机の上左右に置く。次に両人羽箒と穢れのない塵取をもって散ずる所の葩を箒き集め取り去ること本山の近例である。

註

①　二人或は一人

② 捧げ様、一〇六頁参照
③ 二つに折れば四つ折りになる

九　誦経導師作法

大阿下礼盤、新畳台へ着座、十弟子一・二臈居箱・香炉箱を持参、伴僧草鞋を直し、被物を引く等の作法終れば、誦経導師従僧扇を懐中して香炉箱を持ち正面より礼盤の西側①に到り、右膝を突いて箱を前机の上に置き、香②炉の柄を正面へ少し出し置く。

それより懐中の扇を出し手に持って退く。導師は右手に扇、左手に念珠を持ち、帽子着用のまま起座、草鞋を履き、礼盤の前に進みて蹲踞し、左手礼盤を押え、扇を礼盤と磬台との間に置き、其の便に撞木をはずし、内側向の柱へもたせかけ、其の手を差し延して香炉を取り、左手を添えて中礼三度、次に左手礼盤を押え、右手の香炉を箱の内へ入れ、柄を外に出し、復立ち上って左の方へ少々歩み寄り、先ず右足、次左足と横に草鞋を脱ぎ、躙り上りに登壇して端麗に着座、袈裟の威儀を放ち、右手にて香炉を取り、左手に移して磬一打、次に香炉を持ちながら蹲踞して一打、三礼の文を唱う。「仏・法・僧」の三所にて静に立ち「生」の字にて居す。三礼終って香炉を箱に入れ、着座して衣紋を繕い、次に右手に香炉を取り、左手に渡して磬一打、中唄を唱う。終って復磬一打、表白を読む。神下《こうおろし》の「殊ニハ密教伝来」という所より竊に懐中の草紙を出し、香炉箱に入れて唱う。

景気の句「観レバ夫レ」の時堂達諷誦文を持ち来れば、其の方に向かずして右手をもってこれを取り、左手の柄香炉に加え持つ。次に堂達三声の鐘を鳴らす。導師此の鐘を聞いて香炉を箱に入れ、諷誦文を抜き③高声に読む。若し鐘なき時は磬を三つ打つ。読み畢って諷誦文を巻き、元の如く左手に持ち、次に磬一打、発願等を唱え、仏名の所に至って被物を捧げ来る故それに目を注ぐ。従僧はそれを取り去る。

堂達仏名の終りに進み来る故、右手をもって諷誦文の上の方を逆に取り、なにとなくこれを渡す。かくて堂達座に着くを見て、廻向大菩提の句を唱え磬を打つ。次に香炉を箱の中に入れ柄を外に出し下礼盤、板間に蹲踞し、左手にて礼盤を押え、右手にて香炉を取り、左手を添えて立ち上り、両足を踏み揃え、右足左足と草鞋を履き、真中に寄りて一礼し、左手にて礼盤を押え、右手の香炉を箱に入れ、少し斜に置き、撞木を磬台に懸け、其の便に檜扇を取りて立ち上り、恭しく一揖して本座へ帰り着く。

誦経導師は大阿闍梨の徳を歎ずるのであるから、付法の弟子は勤めないことになっている。

香炉箱の如意は葉を前の方にし、香炉は頭を向の方へ置く。それらの出し入れには右手を用う。次に香炉箱の図を記して参考にしよう。（図一二二頁にあり）

註

① 西側とは南向の堂に就いて云う。東向なれば北側となる。余は準じて知れ

② 香炉の柄、取り易からしめんが為である。一二二頁図参照

③ 高声に読むこと特に三敬白と年号を高く誦ず。仁和・醍醐・安流は微音に読むと

一〇　堂達作法

誦経導師啓白の間に、下法師幄屋の文杖《ふみつえ》を執持して砌下《せいか》より差し出す。その時承仕は諷誦文のみを取り、その

中程を左手に執り、下の方を右手に持って堂達の前に到り、蹲踞して文を持ち替え、末の方を両手に持ち、本を堂達の方へ向けて差し出す。

堂達は右手にて諷誦文を受け取り、左手に移し、右手にて上包の紙を取り、座の右側へ置く。導師景気の句「観レバ夫レ」を唱える時、念珠を袖に納め、檜扇を懐中し、諷誦文の本の方を右手に持ち、左手を其上に加え、恭しく胸の前に擎げて座を起ち、草鞋を著けて導師の右辺に到り、蹲踞して文を持ち換え、導師へ渡す。導師はその諷誦文を執って香炉に持ち添う。即堂達は珠扇を出し、両手に持ちて起ち上り、外陣に出で、庭行事の方を見て、扇を高らかに（口授）鐘を催し本座へ還る。その時庭行事は御誦経の鐘と三度告ぐ。下法師即三声の鐘を鳴らす。鐘なき時は堂達外陣へ出るに及ばない。

次に堂達仏名の終りに左手に念珠、右手に扇を持って座を起ち、導師の右辺に到って蹲踞し、念珠を袖に入れ扇を懐中す。爾の時導師諷誦文を堂達に与う。堂達始めの如くこれを持ち、咒願師の前に到り、蹲踞して心の前に持ちながら恭しく咒願を乞う。其詞に曰く

敬礼常住三宝歎仏咒願文　（微音に誦ず）

次に咒願師は平座にて、左手に杵念珠を持ち、右手に檜扇の末の方を握り、咒願の文を唱う。文に曰く

三宝境界不可思議　恒沙劫中称揚難尽

咒願師咒願の文を唱え終れば少揖①す。堂達も亦少揖して立ち、導師の後に往き、立ったままにて諷誦文を抜き、心中に速に読み終り、次に右手を左の肩に打ち懸ける態にしてその手を放ち、下に廻らして文の端を取り、左手はその中程を握り、両手にて諷誦文を巻きながら、本路を経て自身の座坪の前に到り巻き終る。かくて始めの如

く竪に持ち、草鞋を脱いで本座に着く。

註

① 咒願師と堂達と同時に揖するは非礼とさる

一一　祭文士作法

伝供畢って次に祭文士左手に念珠右手に扇を持ち、帽子を懸けたるまま座を立ち、礼盤の前に到り、蹲踞して念珠を袖に入れ、扇子を懐に収め、左手礼盤を押え、右手磬台の槌をはずし置き、直に其手をもって祭文を取り、両手にて少し披き見る。是れは当の祭文であるか否かを窺う故実である。かくて元の如く巻き、右手をもって磬二打、次に祭文を両手に持ち、中程まで披いて直に立ち上り、少し後に退いて諸徳三礼の句を読み始む。諸衆一同中礼三度。①祭文士は中礼二度、次に「維」等発音。それより次第に読んで末に到り、終り一行ばかりの時、右手を左肩に打ち懸け、直に其手を下に廻らして祭文の端を取り、左手は其の中程を握り、漸次に巻き、読み終ると巻き終ると同時になるようにす。たとい速に巻き終るとも必ず巻く態をなして読む。次に両手をもって竪に持ち、蹲踞して左手は礼盤を押え、右手は元の如く祭文を脇机に置き、その手にて撞木を磬台に懸け、珠扇を取り出し、少揖して本座に還り着く。

常楽会の時の如く勧請ある時は磬を打たず、諸徳三礼の句を唱えず。直に「維」字より発音す。従って諸衆は礼をしない。

註

① 第三度の時頭頂を地に着けず

一二　表白士作法

祭文畢れば表白士起座、左手に念珠右手に扇を持ち、礼盤の前に進み、登壇着座すること誦経導師作法に同じい。但し柄香炉は左手に執って右手に渡し、左手を添え、一礼して再び炉を脇机に置き登壇着座す。次に左手に炉を取って金一打、蹲踞して復一打、三礼の文を発音すること誦経導師作法①に同じい。三礼終らば香炉を脇机に置き、着座して衣紋を繕い、香炉を執って金一打、如来唄を唱う。終って金一打、猶柄香炉を持って表白並に神分を読む。神分畢って如意を執り仏名等を唱う。次に香炉を持って廻向大菩提の句を唱え、恭しく揖する態にして金一打、香炉を置いて下礼盤、次に炉を取って一礼、それを脇机に置いて撞木を磬台に懸け、扇を取り揖して本座に還る。

若し一壇構にて次に供養法師が来るならば、左手に香炉を持ったまま、右手にて撞木を磬台に懸け、向き直って香炉を持ち替え、柄の方を向にして供養法師に渡し、次に扇を取り、相互に揖して本座に還る。供養法師来ること遅くば、柄香炉を筋違いに礼盤の上に置く。

本山御影堂の如く三壇構の時は、供養法師一切恭敬々礼の句を発音するを聞いて下礼盤す。表白は四巻なる金剛頂略出経の第二に②「一切如来を頂礼し訖って此の密語をもって当に表白すべし」という文を本拠となす。

註

① 誦経導師作法、一一一頁参照

② 金剛頂略出経の文、大正一八・二三七上

一三　供養法師作法付片壇師作法

供養法師起座、片界を礼し、登壇着座すること前①の所述の如く、前方便の後、表白士の「廻向大菩提」という「提」字の角の音を受けて「一切恭敬」等五悔の頭を発音す。勧請に本尊の入句なく、又三力終って金を稍遅く打つ。是れは前讃の有無をたしかめるの故実である。次に閼伽華座の後、経を聴き、金剛鈴菩薩の句なる「味清浄句是菩薩位」にて振鈴②。次に咒立の場合には一字の金あり、経立にはこれがない。後鈴は経の廻向・我等所修の句より振り始め、同一性故入阿字にて振り納める。中曲理趣三昧の時は廻向の護持の句より振り始め、入阿字にて振り終る。後讃の後、普供養乃至礼仏、懺悔随喜の終「大」の字にて金③一打、行法畢る時、晴の儀には前に供じた閼伽の水や花鬘の花はそのままにして下礼盤す。自行には然らず。

下礼盤の時香炉を取り、恭しく揖する態にて金④一打。香炉を取って三礼、本座に還る時片界を一礼す。

片壇師は正壇の前に到り、当界に向って一礼、次に片壇の前に到り香炉を取って三礼し、登壇着座、前方便等常の如く。但し正壇師と散杖作法を合すのみにて、それ以下の作法が無い。正壇師廻向「懺悔随喜」の終りの金を聞いて下礼盤、香炉を執って三礼、本路を経て当界に一揖、本座に着く。

註

① 正御影供法会並に誦経導師、土砂加持導師作法参照

② 振鈴の時若し鈴を執ること遅れた時は右手を拳にして吽字を誦じ経に合す

③　金一打醍醐は「仏」字にて打つ

④　下礼盤の金という

一四　中曲理趣三昧経頭作法

調声の人右手に扇を執り、左手に念珠並に経を持し、前讃第三段の終り頃、若し前讃がなければ唱礼五大願の頃に起座、正面に進み出で、真中より少し右傍に寄り立ち、導師の普供養の金を聞いて勧請発音、諸衆平座にて次第を取り、経題「一時薄伽梵」の句より助音、行道三匝①、但し第三匝の後正面の左方に頭人及び両三人立ち留まり、各々内に向い、「時薄伽梵一切」の句より調声人正面に進み、本尊に向い第二段の頭の句を出す。その時諸衆一同揖して進行、第三段以下は隅々に随行に立ち留まり、頭の句を発音す。第十三段以下は立留まり、第十六段の初「時薄伽梵無量無辺」の句より行道し、諸衆は各々自の座席へ帰り着座、頭人は正面に立ち留まる。以下経の地を引き早めて読むの習いである。次に頭人合殺発音、行道三匝す②、畢って頭人は正面に還る。諸衆着座、頭人廻向発音、諸衆次第を取る。廻向終れば頭人一揖して本座へ帰る。勧請と廻向との入句③に就いては既に弁じたので今は略する。

註

①　行道三匝は後ろ三匝という

②　合殺行道は三匝が本儀であって、一匝は略である。

③　勧請廻向の入句、三七頁参照

一五　式士作法

式士左手に念珠、右手に扇を持ち、別礼伽陀二三句の際に座を立ち、礼盤の前に到り、登壇着座すること前に同じい。着座の後直に念珠を三匝にして脇机に置き、其の便に式を取り紐を解き、今読む式か否かを披き見、後巻きかけて元の所へ置き、それより衣紋を繕い、別礼伽陀の終りに念珠香炉を取って法用の金二打、法要の間は始終香炉を持つを本儀となす。錫杖の終り仏名の後に金一打して式を読む。

式の表白段は暗記して香炉を持ちながら読む。若し式を見て読む時は、香炉を壇と脇机とに跨げ置き（香炉を持つ態に擬す）、表白段終って先ず式、次に香炉、次に念珠を三匝にして皆脇机に置き、其の次いでに式を取り、披いて第一等と発音す。一段畢れば式を脇机に置く。讃歎伽陀あり。終って復式を読む。是の如く交々読み交々唱う。若し追伽ある時は、その間に式を巻き紐を掛く。次に廻向伽陀の頭の句終れば香炉を取り、略神分、次に六種廻向、畢って香炉を持ち恭しく揖する態にて金一打、下礼盤す。

法要なき時は式士三礼如来唄を唱う。

略神分

為令法久住利益人天　　釈迦牟尼宝号丁　　（丁は打字の略）

一切神分　　般若心経丁

大般若経名丁

為所願成辦　　妙幢菩薩名丁

大楽院常楽会には所願成辦を御願成弁と改め、密立には釈迦牟尼を摩訶毘盧遮那と改む。妙幢の句小野には金剛手菩薩といい、広沢には観自在菩薩という。

次六種

敬礼常住三宝丁　　敬礼一切三宝丁

我今帰依　釈迦大師　今日所献　香花灯明　以一切種　上妙供具　供養無量

無辺三宝　自他同証　無上菩提

これは顕立に限り、密立には用いない

次廻向

所修功徳　　廻向三宝願海　　廻向三界天人　　廻向国内神等

廻向行疫神等　　廻向弘法大師　　廻向貴賤霊等　　廻向聖朝安穏

廻向護持弟子　　滅罪生善　　悉地円満

廻向天下法界　　廻向無上大菩提丁

厳儀には式士念珠を搯らず、香炉を持って金一打、恭しく揖して下礼盤

一六　伽陀及び伽陀士作法

伽陀に門前伽陀・総礼伽陀・別礼伽陀・讃歎伽陀・廻向伽陀の五種あり、各々称名礼を用うるのであるが、近来は多く廻向伽陀若しは奉送伽陀の終りにのみこれを用う。門前伽陀はその伝を失った。これを用うる時は諸衆

浅蓏前に縁の左右に群立し、内に向い浅蓏の人調声して唱う。

総礼伽陀　諸衆着座の後一同共に踞跪して、浅蓏の人自己の座坪にて調声す。

別礼伽陀　諸衆各々踞跪して唱う。

顕立には総礼と別礼の伽陀あり、密立には別礼の伽陀のみ。

讃歎伽陀　諸衆平座にて唱う。三段五段の式に応じて一段毎に用う。

廻向伽陀　あらゆる講式に通じて用う。称名礼九遍・六遍・三遍等調声人の意楽に任す。

毎句文言は同じでないけれど、終の句には必ず自他法界の言を入れる。

一七　堂上並に平座曼荼羅供

一、堂上《どうじょう》曼荼羅供　集会畢って列を催す。讃頭を前にして浅蓏前に起座、讃頭縁に出れば鐃持ち内側に向って鈸を捧ぐ、讃頭は鈸作法してこれを取り、左の脇に抱いて徐々に進む。職衆は一行に進む。十弟子は二行に並び立って大阿に随い行く。讃頭は能き程に立ち留り、大阿闍梨の右の方に向い四智讃発音、鈸三段、職衆は讃頭立ち留る時、左方の衆は大阿の右に、右方の衆は大阿の左に向い、互に入れ違い一行に立列す。大床に到れば衲衆甲衆左右に分れて群立すること庭儀の時に同じい。

二、平座《ひらざ》曼荼羅供　堂内に着座、大阿闍梨大床に佇立、その時十弟子居箱等を脇机に置いて退く。次に大阿礼盤の前に進み香炉を取って三礼、登壇着座、弁供の後五股を左の脇机に少し音高く置く、衲衆、甲衆倶に立って無言行道、後ろ三匝す。畢って着座、大阿香炉を捧げるを見て総礼、驚覚鈴の次に法要の金二打を聞いて唄発音等、以下庭儀の時に同じい、作法は別に聞かなければならぬ。

修する法要には多種あれど、今は繁広を略して如上の所記をもって擱筆す。広く知ろうと思う人は更に諸の法則に就いて究尋するの要がある。

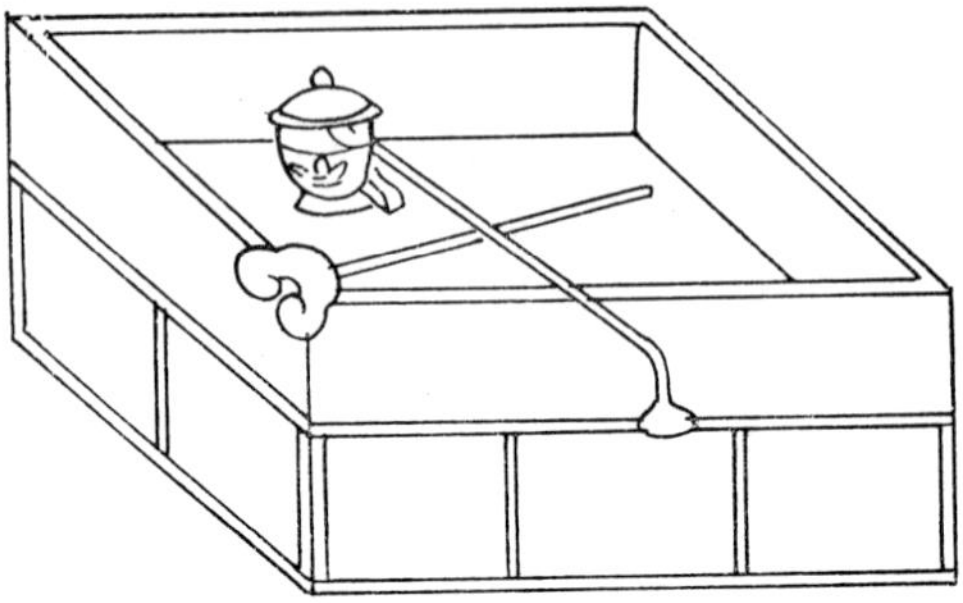

香　爐　箱

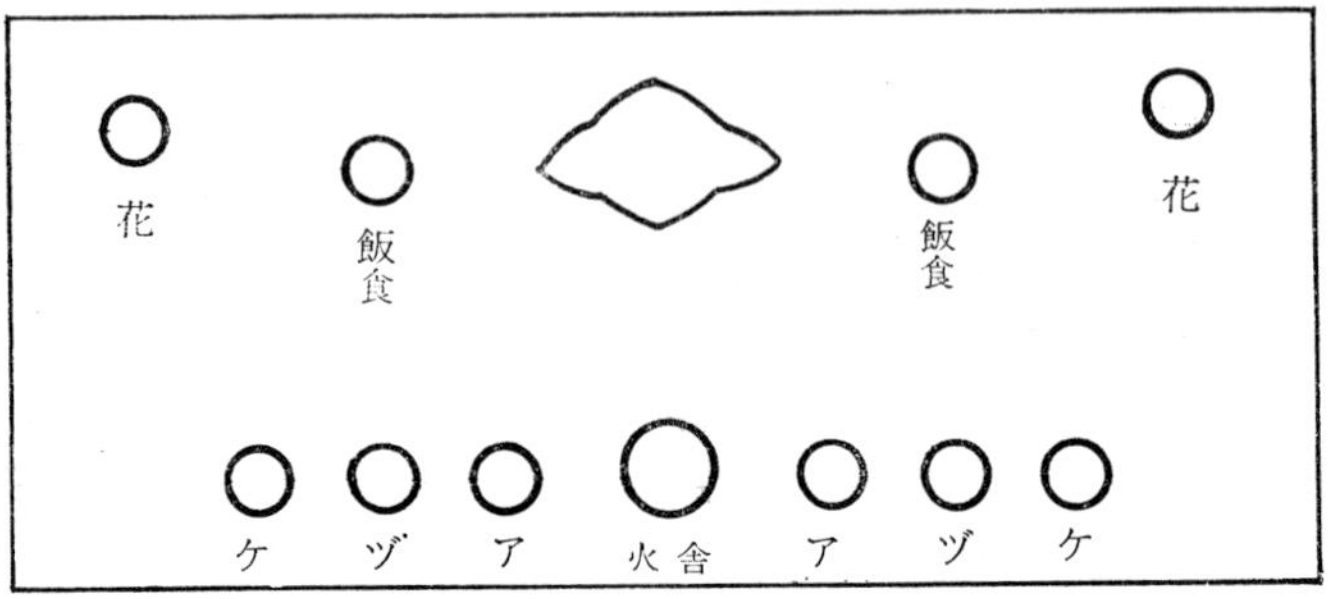

密　壇　図

大山公淳（おおやま　こうじゅん）

一八九五　岡山県に生れる。

一九三三　高野山大学教授になる。

一九三九　学修灌頂入壇。

一九六二　高野山第四六三世寺務検校法印となる。

一九六六　勲三等瑞宝章受章。

高野山真言宗大僧正、文学博士、高野山大学名誉教授、種智院大学名誉教授。

一九七二　四月逝去。

著書　「神仏交渉史」「仏教音楽と声明」「密教史概説と教理」「中院流の研究」「中院流日用作法集」「中院流日用作法集伝授録」等多数。他に「大山公淳著作集」（全9巻）があり、実績を論文とともにまとめられている。

真言宗法儀解説〈新装版〉

平成二十四年七月二十一日　初刷発行

著　者　大　山　公　淳

発行者　今　東　成　人

印刷所　亜細亜印刷㈱

発行所　株式会社　東　方　出　版

大阪市天王寺区逢阪二―三―二

☎06（6779）9571（代）

FAX　06（6779）9573

落丁本・乱丁本はお取り替えいたします。

ISBN978-4-86249-205-0